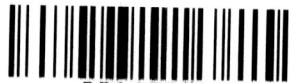

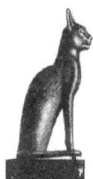

ΑΊΛΟΥΡΟΣ

Алексей Цветков

Онтологические напевы

AILUROS PUBLISHING
NEW YORK
2012

Alexei Tsvetkov
Ontological Tunes

Ailuros Publishing
New York
USA

Подписано в печать 2 апреля 2012.

Художник обложки — Ирина Глебова.
Верстка, корректура, дизайн обложки: Елена Сунцова.
Фотопортрет Алексея Цветкова: Анна Голицына.

Прочитать и купить книги издательства Елены Сунцовой «Айлурос» можно на его
официальном сайте: www.elenasuntsova.com

ISBN 978-0-9838762-7-4

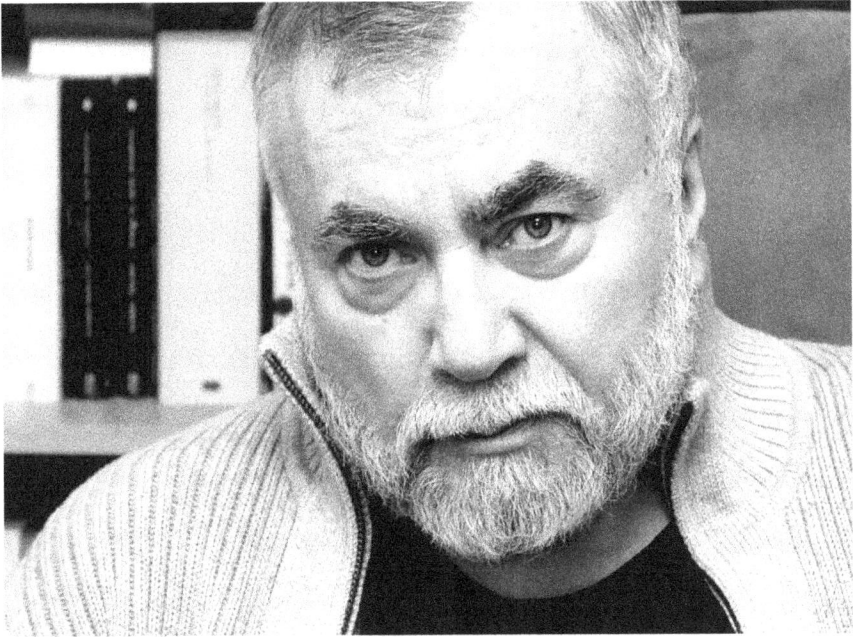

пиктограммы

был в хлам в стратосфере но ближе к снижению ожил
в центральную рысью и груз на ура растаможил
врачуя похмелье в гостинице выпил с одним
и вышел на двор и пустая страна перед ним

он видит безлюдье на ржавой земле ни травинки
латунное небо с бесплатным набором планет
с ворот космодрома где створок снесло половинки
слепое табло извещает что вылетов нет

он здешних кровей на капотнинском обе могилы
покуда судьба в кругосветную с мест не смела
нашарить бы номер на тусклом квадрате мобилы
но там пиктограммы в зрачки нелюдские слова

обратно под кровлю отеля где медленно между
пилонами вход мельтешит круговыми дверьми
а память трусливо скулит об оставьте надежду
какую надежду он верку оставил в перми

задраена дверь над толчком вентиляции дыры
подушкой стакан с умывальника в сумке еду
он здесь с образцами продукции вез сувениры
теперь распакует и все остается ему

он выпьет сперва на столе аккуратно расставит
фарфоровых кошек драконов слоновой кости
стекло подморозило больше оно не растает
прощай за порталом надежда и верка прости

7

как если бы

в пользу бедных совался к соседке
обольстительно стыл у окна
соловьиные ночи в беседке
не с тобой коротала она

а с каким-нибудь тем коротала
кто заглядывал в польском плаще
к ней совсем из другого квартала
да и к ней ли допустим вообще

или шел с коксохима рабочим
ради позднего в пасть посошка
и беседки там не было впрочем
но для рифмы как раз подошла

даже если соседка и правда
то еще неизвестно кому
измусолено время как тряпка
не расправить его по уму

голове навредим но расскажем
перед финишной ленточкой лет
эту жалость к любым персонажам
у кого биографии нет

из которых особенно раня
если даже другое вранье
там была эта девочка аня
только раз и заметил ее

над собой бы горюнился кто ты
выгребающий прах из земли
аппарат для предсмертной икоты
благо вовремя изобрели

и не то чтобы стал попригожей
с электрическим шилом в груди

видишь зеркало злится в прихожей
вот проснись и к нему подойди

холмы

счет меняется в пользу умерших
нас дождаться живьем не умевших
на земле безымянной холмы
а когда-нибудь были как мы

там внизу население пылится
чьи навек бесполезные лица
никому не любимы из нас
ни единого подвиг не спас

может быть у творенья в наборе
ограничен запас вещества
и подземным любимым на горе
мы все те же что были сперва

если странствуем с внутренним слепком
от которого сердцу беда
но в надгробном затмении светлом
образца не найдем никогда

я лицом твоим бредил с пеленок
очертаньем ланит и чела
а покойного тела потомок
сквозь тебя просочился вчера

отчего мы укрыты сугробом
поколением всем наповал
чтоб живой неживому за гробом
равнодушную весть подавал

ни любви за холмами побега
и в зрачке на закате ни зги
ни к чему им такая победа
стисни зубы и мертвым не лги

* * *

побеги ртутных вен все с просинью виски
покойникам с лихвой подвержены законы
тем упырям чьи голоса в мозгу резки
и незнакомы

подписаны на семь десятков доз зимы
в акрополь копоти с таким утесом возле
где раньше скит стоял и разве в нем не мы
все зимы мерзли

теперь кто умерли трахейный хрип трубы
воспитанникам снов и стайерам саванны
последняя страна в которой и гробы
обетованны

кто первым ступит прочь пускай погасит свет
там за пределами и полночь не свеча им
мы остающиеся есть он или нет
не различаем

островитянка

i

время в голове вяло вьется дымом
день проспишь под кронами в тесной ванне
дня как не было привыкаешь к дырам
в чередованье

суток и когда раб неторопливый
вывалит на столике фрукты кучей
в лунный циферблат запускаешь сливой
в контур летучей

мыши здесь вообще из земных животных
то что пресмыкается и летает
мелочь занесенная ветром вот их
и не хватает

тень материка не достигнет марта
и потом на убыль бореев песни
здесь тебе не корсика и не мальта
тесно и если

штиль и на флагштоке увянет вымпел
выбеленная в кость в отливе планка
спустится в долину хоть сам не видел
островитянка

ii

я сюда не сослан но сон на листьях
липы плотен всплыл в нем и оказался
рядом с той к кому и в укромных мыслях
не прикасался

в жестяном суденышке как найденыш
острова на склоне прощальной мили
если шквал нашлет без воды утонешь
в воздухе или

здесь заранее стерегла и пусть ей
осень гостья не прекословит лето
я ли не острей остальных присутствий
чувствую это

даже соглядатай ненастоящий
прочь исторгнут римом или китаем
есть островитянка иначе спящий
необитаем

обреченные умирают слаще
смерти нежные примеряя лица
собирает раб ежевику в чаще
раб не боится

iii

время тоже море и чувство то же
что у тонущего у каждой твари
водоросли бережные по коже
жабры едва ли

приплыла однажды большая рыба
спал еще но в веках прорезал щель я
капсула в желудке письмо из рима
милость прощенья

плаваю в корыте но мокр от пота
кто сойдет в долину ко мне такому
отдых это гибель любовь работа
даже к фантому

липы липнут к небу луна ни с места
шелохнула воздух пришла без слова
остров это область где яви тесно
выспаться снова

отошлю раба за грибами в горы
римлянин-шмимлянин да хоть китаец
надо мной в саду завершают годы
медленный танец

* * *

знаки узнаванья
вестники разлуки
в зеве организма
резы и черты
из земных гортаней
возникают звуки
твари на рассвете
разевают рты

яркий щекот птичий
плач с полей овечий
раковина в руку
в ухо гул веков
темная певучесть
варварских наречий
агглютинативность
диких языков

в поле голод глины
в ветре привкус серный
в небо нет пролома
в голову окна
криво нас придумал
бог немилосердный
для сердечных жалоб
речь во рту одна

замолчали сойки
в черных сучьях острых
не подмога крику
глаз величина
если из вселенной
выкачали воздух
звуки в ней забыты
речь обречена

перечнями плачей
требниками кличей

в русле антрацита
ребра и торцы
иероглиф треска
бестолочи птичьей
каменные руны
блеянья овцы

* * *

где постриг приняла и канула в русалки
умалчивая ночь стеклянный сея смех
иссяк в сухой листве на дачном полустанке
источник ласточек и чаепитий всех

я протяну во тьму редеющую руку
чтоб кружево костей сквозняк луны продул
тогда мы были кто пособия друг другу
по арифметике как подглядел катулл

я тело выведу на пряничную площадь
что и к полуночи печалью не полна
до чьей грудной черты где ласточка наощупь
или не ласточка но бьется как она

в лесу среди его густых растений пестрых
серп из-под синего наката молодой
стрекает усмотрев кто принимает постриг
с прельстительным хвостом для правды под водой

пускай бы вспомнила и всплыть сюда хотела
что чай вскипел и мчат паучьи поезда
из горних гнезд звездой по глобусу но тела
теперь не трогает а ласточек всегда

я первый вред воде и сам веслом табаню
по клеткам кафеля вдоль плесени скребя
там было правильно про пауков и баню
что отключили кран и стыдно без тебя

так стены стиснуты и времена проворны
чешуйницы в щелях в мозгу крестовики
с их пыльным неводом и если жест с платформы
то все равно уже невидимой руки

* * *

помашет кадилом из требника мантру прочтет
не будет вам чуда чудес не берите в расчет
трясины окрест непролазны и в нищем селе там
пастух на погост подрядился работать скелетом

под вечер из речки анальные ангелы дна
снесешь на анализ от них гонорея одна
у старосты цепень с экватор длиной обнаружен
в кадушке подлещики шустро дежурят на ужин

по требнику дряблому лесу и тусклой воде
молебен бубнит агитатор в сусальной голде
а дикое диво из чащи баском подвывает
и девку дерет на куски но чудес не бывает

на мельнице бесы но это в порядке вещей
на майбахе бодро в район устремившись кощей
подмятую местность в окне беспросветную эту
осмотрит сверяя последние дни по брегету

и брызгами в рыло взорвется брегет и хромой
скелет возвратится со смены в могилу домой
леса испарятся и речку обуглят лучи
сверхновой но чуда не будет кричи не кричи

* * *

прячемся на ночь ульи на ключ запираем
день предоставит свой невеликий срок
мир это мед который мы собираем
пусть не погибнет все что мы жили впрок

в воздух стремимся путь пролагаем сами
речь очевидна там где черна черта
мы для того едим этот свет глазами
чтобы словами всем сиял изо рта

радиус стиснут сном в острие спирали
время в конце точнее сочтет число
но не забудем как мы тогда собирали
жизни в раю золотое все вещество

гибель крылата господи горький боже
с грунтом сольется сбитый любовью влет
мира так мало ночи гораздо больше
все утешенье собранный за день мед

скоро нас всех не станет и время мимо
речь медосбор а на свете не быть легко
только глоток навеки меда и мира
большему пчел ничему не учил никто

* * *

непригодным к любви ребенком
только воздух в слезах протру
всем вниманием лип к лебедкам
к кабестанам в ночном порту

и годами потом томило
что надежда сбылась не вся
на маршрут пролегавший мимо
детский ялик на риф снося

но удар и очнешься снова
в фиолетовый мокрый свет
у которого нет мясного
фарша в теле и шерсти нет

айвазовская гидра страха
шевелилась в уме с утра
что челнок направляет пряха
и с веслом у нее сестра

словно с пирса спорхнув котенок
в перепонках проявит прыть
чтоб из мокрых одних потемок
до последних своих доплыть

вся возня не длинней недели
сноса клюву или крылу
тут и вспомнишь зачем вертели
жестяной кабестан в крыму

а на суше где в поле рожь вся
та что лепит в коржи семья
лучше все-таки не проснешься
или жить но в земле всегда

адресат выбыл

становясь человеком которого
все труднее совместить с предыдущим
я кладу у постели листок с женским именем
чтобы наутро сверить с тем которое вспомню
и оно до недавних пор совпадало
но от этих моих ежедневных упражнений
лишилось лица

я теперь не уверен что это действительно имя
просто слово просыпаясь я спешу убедиться
что такие дают человеческим детенышам
я листаю портреты детенышей кто из них ты
я учу наизусть телефонный справочник я помню
имена но никто не подскажет которое чье
я забыл алфавит фотографий

мне сказали что люди вполне умирают
но в этом нет ни малейшего смысла
потому что смотри как пересохла память
а листок у постели терпеливо перечислит
сметана капуста средство от плесени
каракули кактус полить понедельник
лицо уже никому не подсказка наутро
забываешь все что обещал себе вспомнить
потому что не знаешь кому обещал
и забываешь то что непременно хотел
забыть но уже не помнишь зачем

корпускулярно-волновое

на совести гиря на темени глаз
до сфинктера взглядом пронзающий враз
рейсфедер в руке в рукаве ватерпас
родитель всемирному диву
гефест ли в мозгу громыхает хромой
улисса нептун не пускает домой
а волны бегут от винта за кормой
под острым углом к нарративу

раскинулось море и мирно шуршит
не лыком и наш путешественник шит
туда где маслины растут и самшит
стремясь за увертливой сушей
но гнев августейшей старухи самой
годами не шлет ему ветер прямой
а волны бегут от винта за кормой
к чему тебе волны послушай

вот снова с рейсфедером сверху возник
истерзанных зноем мозгов истопник
он знает все беды внизу из-за книг
но ум капитану не велен
где шквалом сдувает рассудка слои
у смертных одни предрассудки свои
ученый внутри не хитрее свиньи
хоть будь он еврей или эллин

кто чачу античную гнал из точил
кто фрукт преткновенья блуднице вручил
не так поступает как вечно учил
ильич листригонов с тачанки
не он ли рейсфедером тучи зажег
и в сущности жидо-масонский божок
а сам с женихами садился в кружок
вокруг симпатичной гречанки

так просто историю сном охватив
убогую похоть впихнуть в нарратив

пока взгромоздившись на шаткий штатив
шальной нивелир прободает
всю местность сквозь сфинктер лучами журча
в окошке семейная меркнет свеча
а радиоволны бегут от ключа
и мысль в голове пропадает

дочь гастарбайтера

птицы поют на иностранном языке
мы не слушаем когда говорят не с нами
деревья растут несмотря на то
что их никогда не любили родители
деревья не поют а птицы плодоносят
иначе но сходства между ними больше
чем между ними и нами
и они мирятся с этой разницей
которую мы толкуем в свою пользу

с нами говорит учительница
она говорит на неизвестном языке
но мы неизвестные дети нас научили
в классе на краю последнего континента
эта учительница делает вид что интересуется
кем мы будем когда вырастем
было бы странно если бы она спросила
деревья но никому не приходит в голову

континент истекает и в окне
мы видим свет адресованный деревьям
а не тот который нам предписали
птицы поют на иностранном языке
потому что каждый язык иностранный
если сравнить со всеми остальными

самая глупая девочка в классе
втайне знает что не будет никем кроме
той какая уже оказалась сама по себе
но в этом предосудительно признаться
при всех ей уже намекали про птиц
которых она не хватает с неба и может быть
она вообще тут дочь гастарбайтера

человеческие дети сидят в классе
и учатся не думать о времени когда
они окажутся чижами и шелковицами
когда вымученный учительницей вопрос

встанет в непредвиденном смысле
только предвиденные смыслы безопасны
этот континент последний но от нас скрыли
это чужой свет но мы не заметили

пири

высоко и страшно в мире
время вертится с трудом
непреклонный роберт пири
ищет полюс подо льдом

подминают нарты мили
пири претел на рожон
век почти как спит в могиле
но маршрут не завершен

мнимый полюс только точка
компас в космос увело
от старанья сын и дочка
эскимосы у него

неподсудна гибель сглазу
быстрым псам она не крюк
сын и дочка вышли сразу
полюс выскользнул из рук

а при жизни было хуже
полыхало как в аду
синий газ в небесной луже
искры бритвами во льду

наги мы и в стужу босы
всей судьбы на полчаса
сослепу как эскимосы
упускаем полюса

все чьи ночи в мире пестром
так арктически черны
полюсам как прах погостам
насовсем обречены

двор

когда не ставало соседа
он раком был болен своим
тоска над подъездом висела
где сонно мы с братом сопим
был громок наш двор и огромен
в нем бабы орущие зло
древесных раскидистых бревен
тогда еще там не росло
я даже вам дату найду
в одном забубенном году

сосед александр иваныч
болел своим раком тогда
но врач уверял его на ночь
что эта болезнь без вреда
а я проповедуя брату
вопрос избегал поднимать
он жизни соседской утрату
был молод всерьез понимать
не знает дитя наперед
что кто-нибудь в муках умрет

наутро соседа не стало
и мать наваривши борща
реестр телефонный листала
оркестр и машину ища
чтоб музыка зычно пропела
хотя и не всю до конца
вторую сонату шопена
над скудной судьбой мертвеца
мы видели все из окна
а взрослые пили до дна

соседское кончилось время
но двор оставался как был
потом посадили деревья
и кто-нибудь столики вбил
пока пацанов забривали

в чужую сибирь без следа
отцы их козла забивали
а бабы орали всегда
и мозг неизбежно ослаб
от всей этой водки и баб

мы жили тогда по ошибке
мы зря колотили козла
одна шестеренка в машинке
чеканящей время сползла
быльем поросли постепенно
как дачный участок ничей
могучие такты шопена
покатые лбы трубачей
им грыжа награда за труд
и бабы надсадно орут

* * *

а перед ночным трубачом
телец или овен
виновен не ты и ни в чем
сам черт не виновен

пусть тщится и щерится всласть
всей пепельной гущей
с фалангами полыми пясть
на клапан кладущий

он лбом в облака лиловат
прогрессу преграда
где низ а не верх виноват
обман и неправда

не мухам под свод потолка
не осам затея
отправить на суд паука
кровинку злодея

годами где сны не спасут
мы воздух мозолим
но дудкой скелеты на суд
скликать не позволим

бесчувственна к речи ручья
могильная глина
вина потому что ничья
и очередь мнима

лесопотамия

на площади где взгляд скулит от зноя
впадая устьем северным в тоску
нам растаможат небо нарезное
на каждого по острому куску

дрожать ему в клешнях не утешая
подобно злому зеркалу без дна
но с птичьим зайчиком кому большая
позволена до глаз голубизна

и девушки сплошные комсомолки
сбиваясь в многобедрую гурьбу
подносят неумелые осколки
в полупоклоне к флагу и гербу

а сзади лес подробности потери
пути откуда выводкам своим
таскают механические звери
мышей и мошек с боем часовым

у неба здесь особенное свойство
в нем бога нет хоть вспять слюной слепи
лес цел но в нем животному расстройство
енотовое заячье терпи

когда спадает комсомольский гомон
страна лесопотамия пуста
и только мозг своих чудовищ полон
горящих экскурсанту из куста

жалобы и рыбы

непохоже чтобы другие жили до нас
поручиться можно только за тех
кого закапывал своими руками
кладбищенский сторож помнит больше
он курит листья и нанизывает имена
которые уцелели только в его памяти
и постепенно из нее испаряются
эти люди не принадлежат никому
бога который назвал бы их своими
им уже не придумать а у нас
нет времени

рыбы плывут издалека чтобы их ловили
у них тоже никого не осталось
кроме нас последнего и любимого врага
но мы охотимся на жуков потому что это
гораздо проще хотя потом не знаем
что с ними делать мы вообще не знаем что делать
когда самая глупая девочка в классе
произносит слово завтра никто не понимает
что она имеет в виду разве завтра
не такое же сегодня как все остальные
надо вызвать ее родителей но они
смущают учительницу щебеча на своем птичьем

мы наверное дети и поэтому играем в школу
притворяемся что встаем по будильнику
выходим к доске но помнящий имена
обещает что еще отдохнем что еще никто
не наживал грыжи на ловле жуков
и что каждому найдется где распрямиться
на последнем континенте места все больше

он показывал свой чудесный улов
носорога с лиловым металлическим отливом
ростом с мышь и жалобно летает
но всегда возвращается как часовая стрелка
нам неловко потому что живем без хозяина

31

сторож все объяснил мы просто устали
мы все вместе но нам одиноко с этими рыбами
возлагающими непомерные надежды
и некуда возвратиться потому что мы
никогда не улетаем

* * *

я родился другим а не этим
но не стал объяснять и меня
приравняв к человеческим детям
воспитала чужая родня

лучшей яви не ведая кроме
сна и в нем благодарно сопя
я не знал что не тот я по крови
за кого принимаю себя

может быть лишь последнюю бездну
рассекая артритной стопой
ухитрюсь перед тем как исчезну
очутиться тем самым собой

в ком сгорают как в кратере птицы
сочиненного смысла слои
и фасеточный мрак роговицы
обнажает секреты свои

* * *

кого же станем спрашивать дружок
ошибка мы или несчастный случай
в манеж вприпрыжку пламенный лужок
или в ментовской тачке потрох сучий

свой организм для вскрытия раним
врачи бы за исход не поручились
контрольных нет с которыми сравним
есть только все какие получились

так выпало что здесь уже одни
живут ментам и мэрам не чета ли
а были бы другие так они
свою печаль чужим предпочитали

но свойственно живому иногда
сомнение в своем устройстве грубом
когда грустит о волоке вода
или скала о воздух трется крупом

особенно что кровяная нить
не штопает прорех в протертой шкуре
и кончена манера сердца мнить
любовь но пищевод еще в ажуре

кто смену выстоял то удалось
у аналоя свадебное место
забить куда всему своя невеста
в урочный срок с косой но без волос

офелия

кантовали коряги стрекали реку шестом
где двухтактное сердце в гусиной ежилось коже
а устали когда перестали часу в шестом
и рысцой в гастроном ведь живые и зябко все же
незадачливы ангелы в синих трусах навзрыд
и молчок с парапета уклейка или трава я
без понятия кто у них в тухлой воде зарыт
то ли к берегу вниз то ли прочь подождать трамвая
не осмотришься горестно в городе по сторонам
чтобы с описью сверить кого не достало нам

было время к закрытию тех интересных мест
где за трешник судьба фасовала в стекло нирвану
наш советский сатурн без нирваны детей не ест
только с ордером если и к черному в ночь рыдвану
но и честные вскачь встрепенутся и в те часы
невезучи с лихвой кто с копыт в водоем в россии
может это была невъебенной вообще красы
кто-нибудь неглиже и с ногами бризантной силы
на контроле таких привечает священный дух
инженер человечьих туш и небесный отчим
он такой же как люди трусы и майка на двух
заскорузлых от пота бретельках но добрый впрочем
любы мертвые доброму мокрые не претят
и спасательный взвод из двенадцати негритят

на смоленской площади ночью кончины той
мы стояли стеной и о выбывших не жалели
я тем более за избежавшей воды четой
обонял природу без шипра или шанели
всю минувшую пропасть где радость была редка
просидишь с монитором живописуя нравы
перегородила дорогу твоя река
за которую нам не выдумать переправы
где ступала на хлипкий как вздох соловья настил
дорогая нога и с тех пор не жилец на свете
хорошо что отчим который легко простил
перебои в статистике зябкие смерти эти

хорошо что все-таки добрый который спас
сорок тысяч в очереди сорок тысяч нас

* * *

смотри как мало птиц над головой
им твердь невмоготу и нам не хватит
уже запас от силы годовой
и синева паленый воздух тратит

с тех пор как небо немочью свело
они вообще последние в полете
так мало их две или три всего
две или три при самом щедром счете

обманет ум но зрение не врет
им там в горючем вакууме тонко
пока на город-грохот город-грот
спадает слюдяная перепонка

из нижних скважин из руин страны
о них ли наша боль не о себе ли
рефлексы на судьбу убыстрены
но взгляды до нистагма ослабели

когда о небе сгинет и помин
в сомкнувшемся до тошноты покое
утешится ли мыслью хоть один
что смог застать хотя бы и такое

что свет горел пока не весь угас
а в сумерках предсмертно и не жарко
так с птицами безвыходно у нас
что и себя пожалуйста не жалко

песня шамана

ваша пора приходит ваша расплата
сын ли судья отцу или брат на брата
в стекла шрапнелью вдребезги кабинет
черным огнем гортань опаляет чаша
эта планета и эта страна не ваша
в полдень вердикта не отопретесь нет

в точности вам воздастся по вашей вере
вспомним шакалью псарню на селигере
пули в беслане в зале норд-оста газ
на триумфальной в суде ли на каланчевке
грянет раздача мыла вам и бечевки
большей добычи не унести от нас

если и правда что нет за порталом ада
вам ни смолы ни серы от нас не надо
казни верней не сыскать чем слюна и смех
есть у прозревших на свете свои святыни
за человечий фарш колымы катыни
станете в срок мертвы и мертвее всех

здесь над костром возжигая гнилье и травы
скорую гибель зову на тех кто неправы
дымные клочья в небо и бубен бей
хоть ацетоном в пакете в тюбике клеем
если и сами к утру не все уцелеем
гибель богиня счастья молитесь ей

* * *

прозрачно вьется паутина
и жизнь движения полна
неровен час меня кретина
недосчитается она

как будет жаль мгновений вялых
что ел всегда и длинно спал
что жил в коротких интервалах
а мог бы чаще но не стал

здесь время вспучится как тесто
на черной чешуе земной
и будет в нем пустое место
уже не занятое мной

у круч кидрона на поверке
пузырь в кромешной тишине
другому трупу не по мерке
но и без надобности мне

* * *

когда мы не умрем но встретимся одни
мерцания преобразившись сразу
в стоокий вакуум и умные огни
тая бельмо прижизненному глазу

когда уже прощай все вещество вещей
возлюбленное с переливом лиц их
а только речь печаль чердак судьбы ничей
вполнебосклона в гелиевых птицах

и от случайного товарищества дня
свечного чада до засечки мрака
двойная аура нагара из меня
кто был себе хозяин и собака

когда уже не мы но кто теперь массив
всех сельтерских фотонов в ореоле
хоть нет ее в живых травинку прикусив
душа ступает в тензорное поле

ей бережно что желт анизотропный мир
во лбу кометы каменные вены
мы сердцем состоим из водородных дыр
ни тождества не помня ни подмены

початком жемчуга в тугой комплект колец
сатурна или где лавируй ловко
по горло в домыслах какая наконец
там схема сна и духа планировка

песня расставания

в середине серый на постаменте из воска
лошадь в шорах без кругозора по сторонам
меж плитой и площадью полыхнет полоска
пламени плавится сверху стекает к нам
памятник неизвестному лауреату
лотереи анонимному баловню дней
не взимать же с праздного проездную плату
чей так бронзово зад водружен на ней
мы делили с такими воду в дыму и еду
выносили из пламени вот и вернем ему

истекает в долину луна и печаль хозяйка
ожерельем столетий изубраны города
нас под вымпелами бросало в карьер из замка
сквозь горнило врага и пепельных гор гряда
расступалась в страхе но время снесло вершины
а когда прилетели в своем железном яйце
оглядели что где уцелело и прочь решили
видно поняли что конец и что в конце
здесь все тише все шире памяти решето
этот серый последний но лошадь не помнит кто

жеребились как мы присмирели и перестали
а в манеже затменья где с крыши медведь ковшом
водружали наши подобия на пьедесталы
усадив себе сверху серого с палашом
но багровому воску мозоль седла не по сану
окликая кадавра в шевронах в прощальный раз
мы сбиваемся в табуны и стрелой в саванну
горевать о них что ушли не осталось нас
только скорость спасет от чешуйчатых крыльев тьмы
надо бегать быстрей себя как умели мы

* * *

шесть лет плашмя а на седьмой с утра
как выгравировала в мышцах память
учись ходить сказала медсестра
послушался и стал учиться падать

маршрута метр не по зубам второй
но стисни и по хлипким спинкам коек
как ас в дыму на бреющем порой
вдоль фюзеляжей лидок или колек

не одолел попробовать опять
еще рывок и снова в штопор вроде
ходить впервые это как летать
но не во сне а при честном народе

была палата слишком широка
и с пола подметенного опрятно
снимали деликатно как жука
перевернут и я взлечу обратно

я понимал что надо жить спеша
лицом вперед на то и ног не две ли
как вертикален мир ликуй душа
а где стена то в ней бывают двери

врезался в стулья застревал в углу
где плавилась чужих обломков груда
и вот иду покуда не умру
я помню вас я не забыл откуда

акциденция

это глобуса глыба в шальном шоколаде земля
для тропических птичек посуда
столько зелени в кадре людей и дурного зверья
никуда не смотаться отсюда
в сердцевине камней чернота
но они не сдаются
в них рождаются песни и сами себе и поются
изнутри без открытого рта

на короткий сеанс поселились последние мы
подогнавшие артикуляцию к титрам
в яркой роще руссо среди манго и палой хурмы
бурундук рука об руку с психоделическим тигром
в желтопузой в полоску пчелиной орде
подбирая опавшие осени пятна
потому что всегда возвращаешься где
умирал кто увидит полюбит обратно

раздери себе рот до мохнатых в горошек ушей
все глаза для острастки вмурованы в лица
он мычанием вечен как полон прибой голышей
чтоб удобней прибрежно в истерике биться
оказались бы бережней свойства планет
если б начисто мир без помарки
вот когда понимаешь что блядь санта-клауса нет
а себе мы плохие подарки

обещали сначала что космос простор
а не просто узор акварелью
обретающий смысл при посредстве вина и просфор
но вблизи мастурбация мозга в пчелиную келью
заточенного в костную стену пролом
продышать за лодыжки кадавра и бац по стеклу им
подними издыхающий камень простись поцелуем
в животе торопливая песня колом

мичиган

футбольная команда росомахи
чья маршевая музыка смешна
и твидовая куртка на собаке
поскольку осень все-таки пришла

go wolverines воскресная разминка
труба с диеза сталкивает до
на сине-желтом фоне фотоснимка
нас не найти или мы спим еще

но завтрака в ноздрях вскипает запах
на перекрестке детский маскарад
суп с малышами в мушкетерских шляпах
и шпаги из картона мастерят

на раннюю побудку не в обиде
толкаешь в рот что в миску нахватал
туда же пес в своем форсистом твиде
профессор всех гидрантов на квартал

мелиоратор астр доцент глициний
маркер всего что в челюсти не взять
слой памяти осевшей словно иней
на стенках сна из будущего вспять

зачем я вашу музыку запомнил
воскресную в доспехах суету
пока графу вторую не заполнил
где годы жизни втесаны в плиту

лайнбэкер вбил рисивера как сваю
в осенний грунт слегка поправил шлем
go wolverines и я еще не знаю
что бога нет и это насовсем

бог по бокам но в сторону ни шага
пес оступился и поди лови
в глициниях игрушечная шпага
все лезвие в игрушечной крови

* * *

мы ждем урагана мы нежные дети жары
мы трем парапеты на башнях локтями и грудью
с термометрами запускаем над крышей шары
в подзорные трубы следя за спасительной ртутью

еще мы отважны еще отказали не все
системы надежды коль скоро нас в пульс уколола
однажды но штиль безусловен на мертвой косе
и нет у природы на жажду и зной угомона

но лопнут шары и картонные крыши долой
несытое око что с башен за нами следило
затмится когда ураган возвратится домой
где он властелин а не подлое это светило

под бешеным ветром пригнется на город гора
всей кровью и ворванью ливень хлестнет по газонам
тогда безъязыкие челюсти скажут пора
и наши скелеты обнимутся с радостным звоном

тихие

мне снится иногда на грани яви
что я живу в зеленом городке
и даже не совсем понятно я ли
ни с кем из местных не накоротке
в перу наверное или в корее
молчат но знают жители одни
нет все-таки в америке скорее
без слов но все английские они
по центру крест дороги и реки
но с двух концов у каждой тупики

америка с той стороны другая
здесь населенье сильно не в себе
сюда сошлись свой жребий не ругая
не жившие быть может на земле
они сперва надеялись родиться
но ни один не приложил труда
течет дорога и в реке водица
но обе не впадают никуда
им на поверхность сна не всплыть обратно
все зелено с изнанки голых глаз
чего им тихим надобно от нас
живущим в домиках своих опрятно
не отхлебнувшим горечи земной
им не о чем поговорить со мной

несбывшимся не объяснить желанья
и горя тем кто памяти лишен
они застряли в зале ожиданья
но рельсов нет и поезд не пришел
у них проблем которых не решили
или мечты неисполнимой нет
но потому что наяву не жили
им наша смерть соблазн или секрет
и я реальный но упрямо спящий
чем мельче помрачения помол
вообразив что сам ненастоящий
заглядываю смерти под подол

проснешься лишь у одного из двух
есть имя но не выговоришь вслух

горизонт с намерением

здесь точным горизонтом обвели
небесный свод огородили бухту
чтоб не было сомнений где вода
дает права воздушному пространству
и как косяк макрели отличить
от стаи буревестников похоже
что горизонт с намерением раньше
за ним быть может простиралась суша
кишащая людьми об их судьбе
и доблестных ристаньях мы прочли
немало если правда то респект

тем часом на переднем плане жизнь
с лицензией и ксивой бьет ключом
под фермами метро потомки тех
эпических героев за морями
берут папайи и с осенней скидкой
бермудские портки покуда самки
в колясках выставляют напоказ
плоды могучих чресел а самцы
жокеи инвалидных кресел слюни
пускают в солнцепек другие мчат
каталки к золотому горизонту
за буревестниками в атмосферу
и в воду за макрелью таковы
угодья где я нынче эндемичен
но скоро вымру

но ведь вот хожу
средь ржавых ферм хоть что-то от меня
осталось нет не списывайте нас
мы позвоночны что твоя макрель
роимся у черты воображенья
без копий и щитов полны испуга
мы лучшее что есть и нам не надо
гомером и вергилием пенять

пепел

и еще у них помнишь говорит она
есть любопытное поверье
почему-то они считают
что будут жить вечно
а что кошки и бабочки наоборот
умирают навсегда

они думают говорит она
что существует кто-то
который перед ними в долгу
есть даже такие которые точно
знают сумму этого долга

но ведь мы другое дело говорит она
да соглашаюсь я совсем другое
с нами почему-то вышло иначе
мы никогда не узнаем и не надо

мы идем дальше в высокой траве
где кошки гоняются за бабочками
и подпрыгивают хватая лапами
пустой и яркий воздух
бабочки неслышно смеются
кошки улыбаются в ответ
еще один замечательный день
непредвиденной вечности

вот только если бы не этот пепел
хрустящий на зубах

11 сент. 2010

шелковица

настало время признаться
что нас нет в живых и никогда не было
ходили бы слухи о тех настоящих
которые может быть жили здесь раньше
но ведь слухи как блохи
в отсутствие собаки они бессмысленны

можем начать прямо с меня
свое имя я придумал себе сам
чтобы не путать о ком идет речь
и чтобы у истории был рассказчик
даже если она ни с кем не случилась
я придумал одноклассников потому
что не быть никем особенно тоскливо
когда тебя нет в одиночку
и еще я придумал учительницу
потому что больше у нас никого нет

ночь очевидно наступает как всегда
но теперь фонари в городе не зажигают
грустная крыса умывается в центре площади
неохотно как ребенок перед школой
маленькие луны в бусинках ее глаз
она знает что никого из нас нет

ничего не было уже так долго
что об этом можно рассказывать вечно

все-таки очень хочется знать
шумит ли еще в штормовые дни
шелковица за окном
которую сочинил сам для того
чтобы там не было так пусто и тихо

почему-то упорно веришь
что девочка все-таки существует
та которую считали самой глупой в классе
это неправда но уже не исправишь

та которая бросает камешки в воду
на дальнем конце причала
и разговаривает с рыбами
называя их нашими именами
последний человек на последнем континенте

* * *

наносила визиты родне
на равнинах и кручах
у плотвы побывала на дне
у неясыти в тучах

ой ты липкая рыба-сестра
незатменные очи
не к тебе ли он в омут с утра
до смеркания ночи

заклинает неясыть помочь
слезно просит совета
не за ней ли он каждую ночь
улетает до света

потому что ни ночью ни днем
был да не уследила
но всегда вспоминает о нем
с переменой светила

и ни слова не слышит в ответ
из реки ли из леса
у плотвы словно голоса нет
у совы интереса

видно кровь платежом не сильна
им родство не основа
уж такая случилась семья
что ни слуха ни слова

только всхлипнет тоскуя о том
а другого не надо
и чешуйчатым плещет хвостом
и крылами пернато

сова и мотылек

он погаснет не сразу он просто померкнет сперва
несгораемый свет поднимавший на подвиги тело
здесь в младенчестве было отверстие из-под сверла
так и брызнул в лицо а теперь пропадет то и дело

вот волнуется тело в сенях расставанья с собой
где финальные титры и глохнет под грейфером лента
словно в сумерки скоро из конуса света совой
ни напутственных слов ни совета сове у клиента

поднеси отшумевшую руку к глазам и рука
невидимка почти мотылек на рентгеновской зорьке
не она ли на ощупь в прибрежных кустах ивняка
опускалась на пестик забытой какой-нибудь зойке

но когда перепархиваешь световую кайму
за порогом оглядки где плюсы и минусы квиты
все победы погашены память о них никому
без носителя память пуста просто в розницу биты

и предвидя каким парадоксом предстанет полет
после сельского летом сеанса в сенях киноклуба
своему человеку последнее тело поет
на прощанье но в смысле совы некрасиво и грубо

ты покуда не пой ты покойному мне угоди
рассуди мотыльку-мимолетке от гибели вред ли
то что делаешь делай скорей уходя уходи
унося что уносишь бери насовсем и не медли

cogito

я мыслю но нет убежденья что сам существую
а просто себе же о жизни своей повествую
которую за ночь на годы назад сочинил
и силюсь заверить объект в достоверности факта
что он это я наяву и зовут его так-то
бумага покорна и в принтере хватит чернил

старательно делаю вид чтобы не уличили
что смерть неизбежна что дерево дуб как учили
а наше отечество эта россия в окне
что скоро обрюзгнем и в нужных местах облысеем
как если бы звали цветковым меня алексеем
и жизнь не питала серьезных сомнений во мне

возможно что кто-то и жил бы однажды на свете
но печенью чую что я за него не в ответе
он сложен из лжи из непригнанных выдумок сбит
в бреду богословы философы сплошь конокрады
с любым из паскалей готов об заклад что награды
не будет за веру что демон декарта не спит

в кроссовке копыто и рожа в предательской саже
откуда я знаю что sum если cogito даже
и с арфами хоры за логику эту в раю
я ваш сочинитель и в певчей личине бояна
давно заподозрил как все обстоит без обмана
но вам не признаюсь и сам от себя утаю

quest

был маршрут по-осеннему долог
где начинка из носа течет
шел по правую руку проктолог
а по левую шел звездочет

знал проктолог штук семьдесят песен
потому и позвали с собой
звездочет же нам был бесполезен
он вообще оказался слепой

но и эти которые были
в сумме трое считая меня
отшагали несметные мили
у вдовиц по ночам временя

если честно встречали и хамов
даже сердце сжималось в комок
звездочет побирался у храмов
а проктолог лечил кого мог

наконец оказались в далеком
далеке где чужая земля
кто все ощупью больше и боком
кто частушками люд веселя

люд был лют как собака и занят
стервенел выгружая мешки
и проктолог сказал что он знает
это место куда мы пришли

но спросить не поймите превратно
я его ни о чем не хочу
потому что порой неприятно
слышать все что известно врачу

оправдание космоса

он говорит это где-то у юма что-ли
мнимое ego фантомный диспетчер боли
и удовольствия словно пейзаж из рек там
рощ и оврагов считал бы себя субъектом
и рассуждал отражаясь в небесной луже
лучше он остальных пейзажей или хуже
кошкам или совам такой прием без пользы
они не принимают шекспировской позы
у зеркала быть или не быть полагая
что это и есть их судьба а не другая
ловля ближних мышей а не мысли о дальних
писем не пишут не сидят в исповедальнях
а человек всерьез размышляет о неком
ego возомнив его самим человеком
люди сочиняют себе себя и рады
а сами лишь электрические разряды

тем часом рыщут в морях косяки салаки
за окном гуляют девушки и собаки
тело сидит за столом принимает гостью
душу вообразив ее собственной осью

я говорю это было еще у беркли
чтобы не расплелся космос чтобы не меркли
огни сознания и совпала картина
с фактом бог собирает концы воедино
потому что черное и белое воздух
и камень земля в посевах и небо в звездах
сотрутся в стеклянную пыль если мы будем
созерцать их в розницу как свойственно людям
а у кошек или сов нет этой болезни
в их сознании всякий выступ в паз и если
не мнить себя на положении особом
признаешь что мир награда кошкам и совам
если бог теперь умер и нет его с нами
мы каждый свой хронометр собираем сами
только не та шестерня да не к той пружине
кошки здесь свои а мы похоже чужие

девушки вышли замуж собаки издохли
салаку закатали в банки уж не бог ли
тело сидит за столом оно усомнилось
наказание ему душа или милость

он говорит послушай условимся скажем
полагать человека мыслящим пейзажем
река без берегов бред любой низ без верха
фикция без дерева не вырастет ветка
по беркли вряд ли но даже если по юму
что-то дышит на свете и думает думу
не утлый вид из окна а весь простор в целом
наше мокрое в сухом и черное в белом
прискорбно горе но в нем оправданье счастью
даже братоубийца окажется частью
совместной милости стать лучше или хуже
значит умереть внутри рождаясь снаружи
не деля на обитателя и обитель
жизнь где каждый сам себе режиссер сам зритель
кошка совесть пьесы сова защитник чести
и не сегмент вселенной а навсегда вместе

алкоголь на исходе сметена капуста
пустота в стаканах и в самом теле пусто
спят в постелях братоубийцы спят святые
как при царе горохе при хане батые

интервал

в припадке дури в приступе тоски
он принялся сортировать носки
непарные препоручая предку
по женской линии сиречь в пизду
и два вдобавок в пепельную клетку
совпали но не нравились ему

закончив эти грустные труды
он вскипятил количество воды
примерное на миг застрял в сортире
там презабавный в зеркале урод
и как герой перова на картине
стал пить свой чай покуда не умрет

стояла ночь в одном ее конце
ему сатурн подвесили в кольце
а на другом нарисовали землю
с пронзенной мошкой на карандаше
с ним стало быть но с неизвестной целью
желанья нет отгадывать уже

устав над кружкой горе горевать
он снес носки в комод и лег в кровать
в окне напротив допоздна не гасло
там годовой морочили отчет
он все не умирал но было ясно
что интервал отсрочки истечет

* * *

когда не станет нас наступит лес
все эти звери спустятся с небес
искать забытый воздух слушать запах
всей осени распутывать следы
друг друга и подолгу у воды
стоять урча на бархатистых лапах

потом зима с авророй и пургой
я даже знаю в ком сезон-другой
воспоминанье будет шевелиться
но в вечности часы бегут скорей
без боли из сознания зверей
исчезнут человеческие лица

однажды вся земля была у нас
но человек обуглившись угас
а зверь горит все ярче он собака
лиса и слон он иногда затих
но возвратится быть одним из них
и хорошо бы но нельзя однако

репетитор

у них в квартире душно пахло супом
порой с уклоном к жареной хамсе
бог отдохнул на этом мишке глупом
хотя он с детства был еврей как все

и я по материнскому призыву
хотя досуг иной предпочитал
жевал с ним в детстве алгебры резину
что складывал а что и вычитал

он алгебры не одолел ухаба
и в техникум вечерний угодил
в три топора хамса благоухала
в загривок мне когда я уходил

он стал плохим и подбирал окурки
он с урками сошелся у ларька
но из евреев никакие урки
там не лас-вегас все-таки пока

потом у них была на дамбе драка
его сдала без трепета братва
но через год вернулся и от рака
за шесть недель скончался в двадцать два

он снится мне теперь и между нами
вода неисчислимая течет
печально быть счастливым временами
как будто за чужой заочно счет

и если взгляд попятный поднимаю
на потное с геранями окно
весь запах заново и понимаю
что репетитор из меня говно

* * *

нетрудно умереть я умирал
однажды
там ужас усыхает в минерал
от жажды

и выдоху прореха не видна
в породе
я понимал что не было меня
но вроде

пружинка на головке буровой
блестела
как мысль где узко думать головой
без тела

чем ярче ночь и яростней огню
с мощами
тем дальше от любви тем никому
пощады

и страха ноль навстречу тишина
чья морда
так напрочь слез и слуха лишена
так твердо

устроена в ней не пробить окно
руками
и время антрацит на срез оно
с жуками

огонь

пылающей полостью город накрыт
струится пространство и воздух горит
предметы которые пристальны мне
в стремительном никнут огне

я воздуха выкурю алчно щепоть
плотвой в переулки сквозь копоть и плоть
пока из орбит эти камни звеня
последним возьмете меня

на площади лава в щелях мостовой
там памятник детству стоит постовой
на остове виснет лицо как свинец
в кистях петушок-леденец

так вот мы какие мы вот они кто
пылинки в пылающее решето
сквозь памяти плазму и слезную взвесь
недолго мы ладили здесь

в разъеме звезды полунет полубыть
свой крохотный срок не успеть полюбить
глаза на ладони в последней крови
раз горе кругом то гори

попытка апологии и перемирия

кто в цех спешит с утра в метро спросонья
у всякого профессия своя
поэзия особенно способна
соединять союзами слова

вскачь в колесе неутомимой белкой
придумаешь как малое дитя
что вы прошли сквозь нищенский и мелкий
осенний лес пусть в августе хотя

но некто циник барда над тетрадкой
свергает вмиг с заоблачных стропил
подсунет google calendar украдкой
и возразит октябрь уж наступил

мозг пузырями в несезонном зное
а этому лишь дай подметить блин
как литератор что-нибудь смешное
достанет из широких гражданин

лады октябрь и жилистую жучку
впрягает в дровни резвый сноготок
поэт в чернила окунает ручку
в пролетку прыг и гривенники впрок

во рту а на ветвях желта мимоза
тысячелетие поди пойми
нам тычут в нос лекарство от психоза
а не любви который мы полны

читатели оставьте нас в покое
когда стрела в ребро и в рюмку бес
мы часто видим многое такое
где мир горит и где редеет лес

* * *

ем ли кашу пашу ли в степи я
или в ванной опять натекло
постепенно растет энтропия
превращая работу в тепло

от коровы дорога к котлетам
бесполезный навоз из осла
я просил ее что ли об этом
чтоб она тут все время росла

что ни роды вокруг то и гроб там
не застелена в спальне кровать
гложет мысль что я вскорости оптом
энтропией смогу торговать

тлеет больцман в австрийской могиле
с теоремой напрасной внутри
эти мысли его погубили
и меня доведут до петли

все угрюмей в грядущем все тише
долго звездам гореть не дано
потому что навоза по крыши
а котлеты сгорели давно

птица

он разделся и спрятался в душе
потому что за стенку стекла
доносились события глуше
и вода деликатно текла

растопырив со скрипом суставы
доставая обмылок с лотка
он стоял некрасивый и старый
но живой потихоньку пока

он теперь бы не смог защититься
прикрывать все такое и грудь
если б хищная в воздухе птица
очутилась откуда-нибудь

как в младенчестве мыл без мочала
чай родители не укорят
лишь бы ночь за стеклом помолчала
и журчал водяной звукоряд

языком перечислил коронки
трудно сутки прожить без вреда
и ворочала в сточной воронке
свое жидкое время вода

не вникая в подробности тела
нацепил без разбора тряпье
все же подлая не прилетела
а уж как опасался ее

обостренье фантомного слуха
торжество миражей и химер
надо снова наружу где сухо
но конечно страшней невпример

imagine

вот красное время в аорте бежит
джон леннон убитый в могиле лежит
на пражском орлое вертящийся жид
все той же мамоне привержен

измерена лет пролетевших длина
где юность медведем на льдине видна
а в юности рубль на покупку вина
и леннон поющий imagine

все это не то чтобы музыка сфер
отдельной беды кругосветный пример
но нынче к тебе обращаются сэр
бутылку пакуя у кассы

по-прежнему жидкости алчут тела
чья жизнь до черты горизонта бела
выходит что это она и была
пусть в лучшие выбилась классы

нам дела все меньше какая она
печальней что в каждые руки одна
на мир поредевший взгляни из окна
там пьют постепенно другие

и хочется к ним со стаканом но ведь
на оба ослепшему не окриветь
ты сам себе сущий на льдине медведь
и леннон поющий в могиле

друзья

на обратном пути изогнемся два над плетнем
то ли песню выплеснет всю то ли харч метнем

это жили мы уж не вспомню кто и когда
только жуть в той местности крепкие холода

и один из них кто-то был я а другой мой друг
ну и хватишь лишку а кто не хватал вокруг

я наверное тот у кого гармонь на ремне
ну а друг который с другой стороны на мне

то висит как сельдь то с разбега жабрами в снег
и наверное звали нас именами как всех

только как теперь отыскать свои имена
за плетнем на этих камнях его и меня

и покуда один сквозь пургу совершает шаг
у другого сбоку изморозь на ушах

там еще в хибаре у клуба жила одна
вроде слабость питала к кому-то из двух она

кто-то был из обоих нас ей мил и хорош
но наутро не вспомнишь а к вечеру хрен поймешь

пожила разок а потом как и мы умерла
лейся песня или там что еще из горла

подмена

смеркаешься но в предпоследний миг
канун тотального исчезновенья
вдруг прозреваешь что произошла
подмена и зароют не тебя
а постороннего который верил
что ты скорее он чем ты и вот
живешь как жил хоть и в недоуменье
что так могло случиться продолжаешь
таскаться в офис кашлять есть борщи
но не в своем телесном естестве
а от лица того который думал
когда был жив что он мол ты и есть
со временем модель войдет в привычку

или постой однажды на пороге
повторной смерти в ужасе поймешь
иллюзия таит двойное дно
не тот который умер до тебя
ошибся и не ты а некто третий
обоим неизвестный кем из вас
он полагал себя навеки тайна
и некого спросить поскольку автор
оплошности неведом ни тебе
ни мертвому вне очереди телу
на фестивале слизней он поди
жив или женщина вообще но вам
двоим от этого не легче

впрочем
скорей не человек как факт но мир
в котором ты распутываешь пыльный
клубок несоответствий и подмен
есть результат мошенничества туз
из рукава ты был рожден в другом
и звезды чьи арабские названья
ты в детстве затвердил или не ты
а эти двое предположим муж
или избранница его постели

или у них совсем не так а есть
допустим третий пол раз третье дно
что эти звезды раз уж речь о них
не те что в колыбель твою глазели
и потому что этот мир не твой
не ты умрешь а он исчезнет сам
ты остаешься тайной без ключа
чтоб вечность получив на размышленья
гадать который час и кто спросил

caput regni

все равно никуда не уехал
жил как будто причина была
поселиться с изнанки успеха
на дальнейшие плюнув дела

выйдешь с тощим на улицы ранцем
всюду зимние окна в огне
то ли падалицы у вьетнамцев
то ли роглики в tesco вполне

эти роглики с виду бананы
но без шкуры и тверже внутри
забываешь какие болваны
все начальники были твои

через житную к влтаве трамваи
до парижской где льдом по губам
дорогие в витринах товары
было время себе покупал

здесь в королле вставал на заправку
и карманники в праздник толпой
но не помнишь зачем спозаранку
целый город придуман тобой

лучше в сторону от вацлавака
от имперской людской нелюбви
там назначена в арке собака
вот и роглика ей отломи

дальше черным в снегу и барачным
город выглядит глазу немил
и становится космос прозрачным
на просвет как неправдой и был

силуэт углубляется в нусли
ледяными пролетами вниз

в нем ни радости больше ни грусти
погоди оставайся вернись

берега

ты видишь их лица на том берегу
глаза в пелену окуни там
пока мы на этом растим белену
в логу пополам с аконитом

на этом вода холодна холодна
сезон ли виной непогода ль
на том как сомнамбула ходит одна
так медленно ходит поодаль

кто с этого сослепу ступит с шестом
в речную студеную жижу
тот станет одним из живущих на том
ты видишь их лица не вижу

проснешься на этой с утра стороне
на той ситуация та же
но к вечеру кажется кажется мне
уже и не кажется даже

вот огненный глаз божества с высоты
к полудню безжалостно выйдет
он синие наши согреет цветы
и желтые желтые видит

здесь каждый в жару персонаж с полотна
живущий в логу не вникая
зачем так река холодна холодна
и кто это ходит такая

серпу неповадно и стебли тверды
сплеча наудачу по корню
гляди подошла и стоит у воды
ты помнишь такую не помню

крылья

когда избу на заре запирала
всех заплакать о себе собирала
придорожных из кювета кикимор
буйных леших из заречного бора
а русалок приглашала на выбор
но пришли толпой для полного сбора
приплелось еще печальное что-то
из-за черного как полночь болота

нагляделась на любимые лица
больше здесь я говорит не жилица
обрекли меня стыду и бесчестью
злое горе мне судьба причинила
словно вынули из воздуха песню
словно солнце окунули в чернила
ни ногой теперь назад ни версты я
невозвратные мои золотые

и заплакали тогда и завыли
в соснах совы загудели забили
а печальное из чащ где трясина
не имеющее формы и вида
провожало до калитки спасибо
ковыляло до плетня деловито
остальные обнялись поревели
и остались жить одни как умели

долго шла через покосы и пашни
в край где грохот и стеклянные башни
в небесах стальные птицы летали
в стороне обосновалась неблизкой
и приматывала крылья бинтами
и работала потом программисткой
прежней жизни от нее ни привета
далеко должно быть за морем где-то

отчего мы с ней не за морем вместе
слишком много там для нечисти чести

ни слезинки у реки ни укора
чахнет чаща в непричесанном виде
мы от века не имели другого
представления о свете и быте
небо черное в трясине качалось
лишь бы время все текло не кончалось

городской романс

гортань перетянуло проводом
теснило легкие стеной
когда прощался с этим городом
и город в юности со мной

плыла река его красавица
и вечер в зареве дрожал
казалось мне что все останется
куда бы я ни уезжал

осталось пылью и осколками
былой любви в помине нет
а только боль о том насколько мы
дурны собой на склоне лет

зачем так бережно прощаемся
на обоюдном рубеже
раз никуда не возвращаемся
вернуться некуда уже

струятся в космосе напрасные
без встречи млечные ручьи
и насовсем погасли ясные
глаза убей не вспомню чьи

недолго беглому к мосту нести
скелет завернутый в белье
увы не будет больше юности
в прекрасном городе ее

гость

одевала снегами зима
мировой минерал
разбегался и прыгал с холма
высоту набирал

за лисой устремлялся в лесу
засыпал барсуком
ледяную равнину внизу
измерял босиком

застывал у людского жилья
удивлялся порой
что за жизнь у двуногих своя
и не будет второй

заставала в распадке заря
но дерзал все равно
как старинный дерсу узала
в том японском кино

только правды не знал никакой
потому что нельзя
для чего облака над рекой
а под ними земля

почему если свет полоса
он не выгорит весь
кто такие барсук и лиса
и зачем они здесь

возвращался когда уставал
для прочистки систем
только изредка существовал
или не был совсем

зеркало

в эти тревожные минуты
наши мысли почти неминуемо
устремляются к императору
как ему одиноко в ледяном дворце
и почему он все время молчит

у яшмовых ворот толпа затоптала шпиона
гарнизон на востоке остался без риса
ходили слухи что велено посылать
юных девушек для полкового котла
не верю но младшей соседской дочери
нет уже второй вечер

новый слуга вернулся лишь около полуночи
без шапочки и от него пахло вином
рассказывал что чжурчжэни уже в столице
и что кровь на площади у жемчужного храма
стояла по щиколотку как черное зеркало
последнее время он невыносимо груб
надо велеть управляющему высечь
эти чжурчжэни для них только повод

навестил достопочтенный советник и
с листками танской каллиграфии
купил за бесценок у букиниста
бесценок и есть но было неудобно
огорчать друга велел подать вино и сливы
из последнего запаса но того стоило
давно так чудно не коротали вечер
на обратном пути достопочтенного и
выбросили из паланкина и забили палками
эти чжурчжэни у них только предлог

снова горит но теперь на западе
стражникам работы по горло
старый халат свалялся и не греет
надо бы отправить за хворостом
но некого и вряд ли кто продаст

как прекрасна луна в черном бархате небес
в черном шелке дыма

похоже горит у самого дворца
с той стороны где конюшни и гарем
кисти давно не чищены и тушь пересохла
император богоравен но и он боится
мы знаем что он боится за нас
но у нас уже не осталось для него
слов утешения

* * *

игла гранитная с трудом
сквозь сон подъем звонила
и на корабль похожий дом
углом на край залива

толпой к полуночи друзья
в стекло с гостинцем птица
тебе нельзя теперь нельзя
в таком краю родиться

не навестить себя в стране
куда на хвойном фоне
стекали улицы к заре
из каменной ладони

что уцелело от тебя
полуприкрыто кожей
теперь скитается терпя
у сумерек в прихожей

задуть свечу найти кровать
и в тесноте колодца
такую жизнь существовать
какая остается

другая вымысел была
она приснилась ночью
ее гранитная игла
стремглав струится в почву

там склад людей и между них
впотьмах вершат скитанья
друзья которых нет в живых
до скорого свиданья

постоянство памяти

трубил вечерами в отдельной
квартире присох к адресам
но шороха крови смертельной
однажды не выдержал сам

не вынес асфальта с плевками
автобусных трасс в пустоту
ячейки в кирпичном пенале
положенной даже скоту

снаружи где ветра каверна
к скупой пригляделся зиме
решая что лучше наверно
пропасть и не жить на земле

зима подступала к порогу
в глаза ледяная игла
и видит на север дорогу
где лезвием голым легла

сперва его жизнь опасалась
по снежной сбежать полосе
но сверху звезда оказалась
простая звезда как и все

пешком через всю индиану
онтарио вбок и в квебек
по тонкому меридиану
на север ушел человек

туда где медвежья телега
в космическом скрипе колес
и в ливне авроры тюленя
безжалостно ест эскимос

был мозг его мерзнущий занят
звездой а рассудок немил

он чувствовал что исчезает
но помнил что все-таки был

лирическая лепидоптерическая

чем отличился
спутывал шелком личинку лечился
от несваренья
мысли в строке произвольным размером
стихотворенья
скудного смысла примером

смысл возникает
помня что нам для него языка нет
воем из окон
всей немотой прободающей стужу
куколкой кокон
яростно брызжет наружу

кровь перестала
течь в ручейках речевого кристалла
кукольный лепет
лужица мысли дарованной ордам
не уцелеет
смысл сохраняется твердым

тщетная щелка
треск по краям хрусталя или шелка
мучил годами
черная речь оплывет словно грим вся
в пору когда мы
вспомним и проговоримся

* * *

он говорит но это не слова
хотя предсмертно всякие приснятся
а словно бы материя сама
с поличным и принуждена признаться
так сбивчиво и грубо говорит
но судороги смысла тверже бревен
и головы угрюмый габарит
на фоне звездного огня огромен
или молчит но тишина кругла
нигде на память не загнешь угла

чьей речи дар навеки отняло
секрет логических словосложений
уже и неба нет ни одного
одна вода с дрожаньем отражений
он говорит но голос как без рук
ни выплеска наружу смысл внутри весь
и напряженьем опровергнут звук
того чей весь язык здесь взят на привязь
чей вулканический подпольный пыл
по склону пемзой пепельной оплыл

тьма роскошь где и раньше не светло
и ясность там где понято навеки
что это чаща только и всего
а не чудовищ адские набеги
не нам судить сумел или смогу
существованье телу не работа
и выстрел аристотеля в мозгу
и мирное жужжанье идиота
лишь сочетанье четырех начал
он говорит но лучше бы молчал

лед

в эту зиму для нас не жалели льда
не дороже лед чем твоя вода
но ложится тяжко на провода
потому что твердый
от него вповалку на площадях
истуканы на бронзовых лошадях
о брусчатку мордой

забивали газеты внутрь мокасин
бились насмерть за мыло и керосин
на бульварах в бурю тела осин
как стекло звенели
жизнь была отложена на потом
притерпелись видно под хомутом
к бороне к зиме ли

нам и в пропасть очередь не тесна
тут сболтнул один что скоро весна
повязали тепленького со сна
не велят об этом
но запал нам в душу пример воды
нынче мы в мороз как она тверды
а растаем летом

нам не он один прочищал умы
мы откроем детям секрет зимы
мы осину спасем от полярной тьмы
воробья и кошку
а когда здесь лед разнесет дождем
все былые памятники найдем
на брусчатке в лежку

заяц

там наверное темно
но мы собираем игрушки и не боимся
а если боимся то совсем немного
нам обещали что скоро не будет страшно

мы собираем кукол и медведей
и все машинки даже поломанные
потому что жалко всех
мы собираем кубики которые разбросали
один под кроватью но там темно
туда лучше не смотреть

если собирать кубики правильно
то получится картинка белочка
или мяч или смешной клоун
но нам сказали что времени больше нет
и поэтому мы собираем как попало
только нигде не видно этого зайца
с оторванным ухом им уже давно не играли

говорят что все равно не нужно
что мы там уже не будем играть
но откуда они знают сказали быстро
и мы стараемся но непонятно
почему у них больше нет для нас времени
куда они девали все наше время

говорят что бояться не надо но мы знаем
что там все время темно
может быть мы все-таки боимся
но никто не хочет разреветься первым
тогда нас уже не остановишь

вот же он этот проклятый заяц
как же я его не заметил
пусть не говорят что он больше не нужен
там куда мы уходим
куда мы уходим

* * *

был без ума от бабочек сперва
той мощи мышц что в воздух поднимала
поласковей искал для них слова
и жаловался вслух что их так мало

со временем и к сусликам ослаб
душой к мышам в потемках их удела
к любой траве которая росла б
и на луне но жалко не умела

одним из тех осознавал себя
кто в перспективе прах своим казалось
все тщетное к чему не прикасалась
рука творца в ком нет ее следа

простил песок пустынь породу скал
простую пустоту без населенья
и в сиротливом космосе искал
куски пространства для усыновленья

любимые куда теперь без них
в ком контуры отсутствия красивы
на ощупь сна и прав не изыск книг
а прецедент осы или осины

поверил в жидкость сжал в объятьях газ
уловкой жизни смерть опровергая
но не успел об этом дорогая
редакция в другой позвольте раз

все что имеет место

или кто-то допустим пришел
а я уже не подберу ему имени
пробую сосчитать до десяти
но не могу перескочить через семерку
и дважды два теряет всякий смысл
как только выхожу на кухню
тот ли я за кого себя принимаю
за кого меня принимают они
да и те ли это вообще они
которые думают что я именно тот
за кого они меня принимают

больше незачем считать до десяти
все и так вдоль и поперек пересчитано
и каждого строго по одному
до кухни что ни день то дальше
и поэтому таблица умножения проще
и делать вид что никто не пришел
зачем делать вид он и так не пришел
надо вести себя деликатно
словно никого нет дома
словно спрятался так глубоко
как будто бы никогда и не был

круговорот любви в природе

вдруг человеческий детеныш
в утробе отстегнул послед
из деликатных жил плетеныш
смешной скелетик на просвет

мы глупые не обладаем
запретным знанием о том
каким отпетым негодяем
он может вырасти потом

пока жужжит его визжалка
в режиме гибельном своем
нам на него любви не жалко
мы щедро грудь ему суем

горды в угаре материнства
что выношенный жив уже
пока птенец не оперился
весь в майбахе и фаберже

плеснет согласными веслами
от песьей пасти и метлы
вповалку где-нибудь в беслане
чужие матери мертвы

движением его отмашки
падеж у зимних медвежат
как он любимые однажды
при них скелетики лежат

так жеребенок тешит зебру
опарыш муху иногда
но вся любовь уходит в землю
как в пойме талая вода

ежик

мы летели в самолете
что случится мы не знали
дяди разные и тети
по бокам летели с нами

я рассказывал соседу
что ни капельки не плачу
скоро к бабушке поеду
в лес на речку и на дачу

я скучал в окошко глядя
и раскрашивал рисунки
а потом в проходе дядя
что-то вытащил из сумки

мама вскрикнула сначала
я боялся что опасно
а потом она молчала
все затихло и погасло

платье бабушке купили
все исчезло в черном дыме
нас неправильно убили
мы ведь не были плохими

надо пробовать иначе
с мамой мы родимся снова
в виде белочки на даче
в виде ежика лесного

* * *

я их любил но всех сильней тебя
источницу системных неполадок
испытывал терпение тепла
поправ термодинамики порядок

проснувшись льдом из цельного куска
температуру чувствуешь иначе
в системе где из прошлых звезд близка
слепая к правилам теплоотдачи

на всех у кельвина от силы пять
в канун разлуки градусов под старость
пространству в заморозки умирать
не жалко зная что звезда осталась

чем дальше след в окраинную тьму
тем ярче в ночь ее режим рабочий
и поворот всем перечнем к нему
вчерашних очагов и средоточий

там впаянная в невозможный газ
вообразима пепельная птица
которой выпало в последний раз
увидеть с чем ей предстоит проститься

* * *

эта прежняя жизнь только средство
для впадения в детство

пузыри что из десен пускали
в идентичном оскале

плод либидо надгрызенный вместе
в том советском подъезде

забывается в сумерки норов
всех существ и приборов

мурава на лугу непримятом
где работал приматом

отморозишь любовь в феврале
обойдешься протезом
на прозекторском голом столе
обезьянка с надрезом

* * *

на лугу у домика
расцвела вероника
в небе ласточка видна
называется весна

клином в охру на рассвете
перелетные медведи
встань радаром шевеля
рокот шершня и шмеля

беглый взгляд завис на детях
вряд ли был одним из этих
шея дрогнула едва
покатилась голова

и уже ненужным глазом
глянешь снизу на себя
как растешь зеленым вязом
воздух сучьями скребя

из травы торчат мордашки
вспышки синего огня
ни маринки ни наташки
сплошь вероника одна

отражение

идет сеанс там на экране мы
гиганты жеста следопыты слова
лучами вычерченные из тьмы
на час-другой и прыг в коробку снова
в нас логика сценария тверда
проворен труд и выверена прана
но кто же в зале зрители тогда
и на кого мы щуримся с экрана
чья ипостась так трепетно покорна
игре полна вниманья и попкорна
сучит конечностями подпевает
вот мой герой приоткрывает рот
как будто правду говорит не врет
как сивый мерин зря что не бывает
там наяву ни правды ни на грош
ни логарифма чтобы сверить ложь

у выхода печальна и бледна
с кем встречи не предусмотрели в смете
материальных тел сидит одна
кого я помню больше нет на свете
мой персонаж поерзал и сказал
очередную чушь но он безвреден
реальности и я спускаюсь в зал
откуда световой откачан ветер
в зеркальной пустоте она как мы
из квантовой составленная тьмы
хоть собственную отпусти из вен ты
ручьем до полых перфораций ленты
чем с полотна елозить под огнем
простимся здесь в коробке отдохнем

чего не хватает

ты знаешь чего мне всегда не хватает
все падает вниз а вверху не летает

все ветер да липкое небо над нами
там дикие прочь облака табунами

проступит из глаз пустырей постепенно
гряда городская гранитная пена

в последний дозор словно капель в бокале
там жителей было но в грунт закопали

комплект ритуальных услуг дорожает
что сильно несчастных живых обижает

они полагают что в плане ошибка
у тусклых костров свои призраки грея
и нужная в небе сломалась машинка
на личные части делившая время

ты знаешь что нужно найти позарез там
луну что в подвале у них под арестом

из синего в мыле столетий металла
которая предкам их части считала

раз в челюсти конченным грунт достается
пускай хоть луна наверху остается

ведь нет ничего одиноче и резче
над временем вверх опрокинутой вещи

танго на юге

парк культуры и танго на юге
стисни тело и алчно молчи
по кустам соловьи друг на друге
с полутакта кончают в ночи
заводи аргентина и торрес
нам лолита в трофейном кино
несусветную юности повесть
как мы молоды были давно
бертолетовой солью набита толпа
вьются попы в рискованных па

соискатели виснут на телках
в каждом спермы примерный ушат
хулиганы в окрестных потемках
обреченно штанами шуршат
массовик над баяном рыдает
поверяя секреты судьбы
соловей в соловья попадает
человек в человека увы
но смелей под аккорды слияния уст
закипающий в лифчике бюст

полыхают сердца как поленья
под котлом нас ведь тоже пойми
все с путевками для исцеленья
разных язв но и страсти полны
расспроси с глазу на глаз любого
чем он занят в уборной с утра
видишь светка стоит как свобода
с фотокарточки делакруа
с этим фактом пора управляться самим
мы любых соловьев посрамим

лейся біле міцне и фетяска
в пойму годы с собой унося
сумасшедшее танго бердянска
угорелая молодость вся
ледяными людьми переполнит

мир по горло свои полюса
наши пляски едва ли припомнит
той приморской земли полоса
где о шест мироздания терлись тела
и какая свобода была

день кота

я жил в движенье на гиппопотаме
байкал и атакаму рассекал
легко швырял медведя на татами
очами в волчьем логове сверкал
стрекал стрекоз но не был я готов
к великой тайне кошек и котов

загадочные эти организмы
мяукают в астрале на луну
как будто изрекают афоризмы
двуногому не по зубам уму
с собаками якшаться не хотят
и не детей рожают а котят

нам не дано своих стрекоз стрекая
хоть каждой головы величина
с мичуринский арбуз постичь какая
премудрость в сих котах заключена
ни серый волк не конкурент котам
ни сам стремительный гиппопотам

но есть и в нас крупица смысла тоже
мы роли на земле не лишены
когда с презрением на хитрой роже
лежат коты средь летней тишины
воздев к зениту лапы и живот
их чешет человек и тем живет

* * *

старики стремятся плакать
на проселок за версту
песни киснущую мякоть
щупать голосом во рту
за селом в морозы звездно
девкам с юношей смешно
веселиться стало поздно
время плакать подошло
в эту пепельную осень
смысл творенья вредоносен
в лица лютая волна
лето прожили в подвале
а дверей не открывали
пригибались у окна

ниже облачных ставридин
саблезубые холмы
там конец дороги виден
а за ним каемка тьмы
поперек росы и блеска
сажей жирная черта
непрожеванная песня
липко виснет изо рта
здесь узлами вяжут трубы
шестерням срезают зубы
из ступицы выбьют ось
ни дверей внутри ни окон
вечной ночи черный локон
вьется в зеркале насквозь

the importance of being earnest

если в памяти взвесить убытки
всех событий покуда свежа
вдруг допрешь что ни разу улыбки
не заметил на морде ежа

а очкастая личность енота
даже тени ее лишена
лишь тревога в глазах и забота
очевидна на морде одна

как серьезны скажу вопрошая
все животные здесь кроме нас
то нахмурится мышь небольшая
то осел загрустит коренаст

обитаемый ими и нами
мир раскидист для всех и тенист
здесь хихикнет хирург временами
и партийный заржет активист

человеческой жизни уроки
недостаточно освещены
отчего мы смеемся уроды
и огромные носим штаны

гложет чувство что даже нечестно
по житейским пускаться волнам
где животным такое известно
в чем они не признаются нам

перед зеркалом как телекомик
подопрешь себе с горя бока
и до свинского визга до колик
все смеешься с себя дурака

что написано

допустим существует вселенная
всякие звезды и все что положено
туманности и космической пыли как в доме
где ее уже добрую вечность не вытирали
даже наверняка там есть и этот дом
на одной захолустной планете
где ее вечность как не вытирали
но если сдуть с подоконника
над которым как раз и горят эти звезды
там может оказаться книга
и если открыть ее на последней странице
прочтешь на отзвучавшем языке
что они жили долго и счастливо
и умерли в один день
но там ничего не написано о том
что теперь этот день вспомнить некому

* * *

история струится на дворе
судьбы царица
как предсказал анри пуанкаре
все повторится

сам воздаяние себе и месть
свой суд без слова
едва отдышишься от жизни здесь
начнется снова

притерта биография к вещам
вся в адской саже
она как фридрих ницше обещал
у нас все та же

надежда свидеться соблазн обнять
живых кто ближе
но там ведь ты появишься опять
всегда все ты же

все как есть

вначале оставалось все как есть
то водосточная журчала жесть
то шустрые в метро шныряли крысы
с афиш подкожным клейстером шурша
смотрела в сумерки его душа
в притворном естестве киноактрисы

был сморщен мир как сказочный кощей
он состоял из выцветших вещей
и отношений зрение качалось
в глазницах как растяжка на ветру
с бессмысленной строкой он поутру
вчитаться пробовал не получалось

когда он честно спал то видел луг
весь в лютиках на дальнем поле плуг
с оратаем овраг в хрустальных росах
без просыху и сам куда-то в нем
в обличье старца бесконечным днем
шагал сжимая суковатый посох

а наяву все вкривь пошло и вкось
провисло время где изъяли ось
хребта он понимал что полог порван
одна душа под ливнями бела
пятном на сером заднике была
как натали какая-нибудь портман

он там лежал на цинковой доске
додумывая притчу о куске
невнятной надписи с изнанки века
а номер на ступне уму в ответ
определял помеченный предмет
как окончательного человека

пар над оврагом ширился и рос
не просыхая в катакомбах грез

он был разъят на матрицы и воздух
в прощальном сне обещанный ему
делился заново на свет и тьму
на небо в лютиках и землю в звездах

* * *

над стволами центрального парка
где самшит с нивелиром обрит
занимается небо неярко
ежеутренним спиртом горит

постепенно из потных постелей
выгребая тела к десяти
нам о жребии пленных растений
умных мыслей в себе не найти

нам не внять где в июле соблазны
и бело если в стужу белым
что растения жить не согласны
как мы им благосклонно велим

есть у леса заветная книга
про последний решительный суд
как людской геометрии иго
липы с кленами в пыль разнесут

станут жить подпирая руками
небеса в запредельной красе
в дружбе с бабочками и жуками
никому не подвластные все

страшный суд

постепенно трое
из тех потерянных носков нашлись
а остальные запаслись терпеньем
есть чувство нормы в мире и оно
для маловеров как неугасимый
маяк всей чуткой мелочи магнит
носки вернулись в семьи вот и нам
в анахоретстве чахнувшим привычно
разбросанным по квантам и волнам
черед вести себя аналогично

я праздновал бы пурим но смотри
какой привет от культа конкурентов
как писк под микроскопом это в клетке
на жердочке трепещет ангелок
муаровые перышки топорща
агатовые коготки на клапан
хоть ультразвук но в правильном миноре
трубит кирдык не всем а лишь таким
как сам с редиску ростом страшный суд
для наших малышей танцуют все
как если бы не выбыл из игры
агент без атрибута и названья
кто маленькие сочинял миры
из тонкой персти несуществованья

один из возвращенцев полосат
а в клеточку в чулане повисят
носок вернулся и зачислен в строй
нет все-таки пора и по второй
он входит в дом сидит его жена
за прялкой вся в поту потом вторая
она в анабиоз погружена
в хрустальном гробе спит не умирая
скорее третью в пасть и до пяти
которой же в раю он будет пара
нам больше мельхиора от каспара
ни отличить ни сходства не найти

синтез искусств и наук

был бы живописец написал бы маслом
спящему фридриху кекуле является змея
кусающая себя за хвост с намеком
на строение бензольного кольца
сам кекуле в кирасе шлем поодаль
видимо сморило на коротком привале
на фоне багровой зари обозначен
чуткий профиль стреноженного скакуна

но прежде чем формула будет явлена миру
кто-то должен прервать поцелуем
волшебный сон естествоиспытателя ему
уснувшему в канун седана подсунули
отравленное французское яблоко
родине грозит утрата приоритета
змея обернулась углеродным кольцом
валентные связи мелодично осциллируют

миссию можно поручить урании
музе смежной дисциплины поскольку
собственная у химии отсутствует
но чу легким шагом из-за деревьев дева
аллегория германии она лобзает героя
легонько ударяет мечом о плечо
и нарекает его фон штрадониц оба
уносятся в пленительном танце

тут пожалуй подключается хор
по крайней мере так мне видится
мальчики гурьбой высыпают на сцену
нахлобучивают пластиковые пакеты
отплясывают славу химии царице наук
владычице иприта богине фосгена
впрочем живопись уже давно бессильна
это скорее балетное либретто

третья попытка

сперва спаситель посетил стрекоз
личинок нимф и слюдяных имаго
но в миссии случился перекос
им и без рая радости немало

затем он был рожден среди червей
дать им понять чего греша лишатся
нет участи чем под землей черней
и черви адской муки не страшатся

чтоб не было ошибки в третий раз
болея о душе а не о теле
презрел сомнения и выбрал нас
а мы с ним поступили как хотели

но он воскрес чтоб богу рассказать
про бесполезность рая или ада
одних на свете незачем спасать
а остальных вообще спасать не надо

кворум

бог собирает архангелов и чертей
распределить бюджет и прикинуть смету
бога на свете никто не встречал святей
встретишь и впредь сострадаешь такому свету

ангелов три но гаврила в дупель в дугу
черт в одиночестве сменщик нужней в котельной
судьбы обсудят в узком своем кругу
третьей от солнца конкретной земли отдельной

был помоложе такое на ней творил
словно потомство в любовном запале некто
потом покрылся пока изобрел горилл
перенапрягся и скис под конец проекта

вот говорит иссякает запас зари
золота в душах и крыс для эксперимента
где оно все хоть сарай от своих запри
дней дефицит и в проекторе рвется лента

ангелы молча в оконном видят стекле
мокрых ворон подмосковный пейзаж осенний
черт своим черным зрачком скользит по стене
график дежурств распорядок землетрясений

думал когда приступал что и правда бог
зря подбивали зачем распалять до азарта
вот и спроворил им землю какую мог
чудо закончено суд назначаем завтра

ангелы арку гирляндой кому по пути
в царство свободы в палату сестра для укола
только пижамные брюки успей подхвати
старенький бог но ведь негде найти другого

инверсия

когда родимся и возьмемся жить
нам жаловаться жизнь придет ночами
зачем ее невидимая нить
трагически оборвана в начале

кто помнит здесь как не было его
из нас позавчерашнего разлива
вперед вперившееся большинство
не смотрит в эту сторону трусливо

как убедить себя что рождены
мы а не вы недостает ума нам
что в списках что с утра утверждены
все имена проставлены обманом

затеряна средь звездной кутерьмы
в минусовой квадрант ведет кривая
вселенной где отсутствовали мы
всю вечность сами не подозревая

осталось на гремучей мостовой
или в безлюдье полевой полыни
всегда гадать где были мы с тобой
когда еще нас не было в помине

где нерожденных призраки сквозят
будь мужествен как поцелуй гвардейца
стоять реверсом к смерти быть назад
и в эту бездну с ужасом глядеться

аргонавты

не о вас горланили гомеры
за евксинской хлябью далеко
экипаж лесостепной галеры
гребля мизераблей из гюго

неприязнь от некрасивых рядом
в сточной отпечатана воде
волховом ли волоком ли адом
ночь не отличается нигде

говорят что некоторым можно
навзничь кто от времени продрог
и не жить но и подавно тошно
вряд ли в грунт упрятанному впрок

годы жизни от полярной ночи
в ледяные забраны чехлы
вся она внутри себя короче
не кончаясь впрочем до черты

чем чужие извлекать примеры
нам из воздуха бензопилой
помолчите певчие гомеры
да и вы овидии долой

с колокольни китежа со дна я
светлояра взвою в наготе
широка вода моя родная
много в ней примеров да не те

барка ближе к полюсу ума не
приложить как выжить всем одним
вшивый схимник тающий в тумане
льдина динамитная под ним

белочка

памяти аси каревой

локомотив сигналит издалека
женщина чьи инициалы а к
скоро не будут принадлежать никому
смотрит на рельсы проложенные во тьму
женщина твердо решила что жизнь отстой
эту историю встарь описал толстой

поезд все ближе все нестерпимей рев
счастлив пролог но развязки сюжет суров
жизнь поджимая лапки глядит бледна
белочкой в сучьях на синий клинок полотна
только у смерти хватит на свете сил
вырубить локомотив чтоб не голосил

рвется парча сетчатки паучий шелк
спи электричество локомотив умолк
гаснут глаза глаголы и города
белочка прячется в листьях но голова
вполоборота словно шепча пока
море и все эти звезды и ты а к

* * *

напрасно в направленье ада
прокладывать загробный путь
давайте умирать не надо
продолжим жить куда-нибудь

пусть било нас и обижало
надежда выжжена в груди
но там же обнажает жало
такое что не приведи

ведь жив же каждый жабры грея
под общим солнцем без труда
я к вам привык за это время
зачем расстанемся тогда

жаль что однажды как цунами
слизнет и больше ни души
есть и плохие между нами
но мы и сами хороши

нас мало канарейка мышь ли
зимой озябшие в пальто
живите все какие вышли
и все простите если что

ностальгия

вдруг стало меньше глины и песка
запели вслух кузнечики и птицы
все говорит о том что цель близка
пустыня распахнула нам границы
промешкали простой обряд творя
над прахом дряхлого поводыря
и на рассвете вышли пешим ходом
к земле текущей молоком и медом

он клялся что желанней края нет
эдемский сад сравнится с ним едва ли
но с той поры десятки скудных лет
и поколенья мертвых миновали
покуда нас носило далеко
засахарился мед а молоко
прокисло что ли но в краю похожем
на миражи мы жить уже не можем

мы к звездному приучены шатру
в безводном грунте память утопили
зачем звенят кузнечики в жару
и что нам делать с птицами такими
платаны строем издали грозят
нам страшно здесь мы повернем назад
там норма с пайкой вертухай и ватник
и кость в пустыне теребит стервятник

* * *

гаснет мозг и неизвестно
знаний поздняя заря
беспорядочная песня
повисает изо рта

смотришь пегий как морская
свинка в юности сама
постепенно упуская
все подробности ума

мелкий бог и неумелый
сочинял тебя дружок
между лап животик белый
ушки жалкие в кружок

или зеркалу в прихожей
недостаточно пригож
шевеля мышиной кожей
песню прошлую жуешь

прячь трагический румянец
тайно ушками торча
скоро выйдет перуанец
он и съест тебя тогда

и скелетик твой загробный
весь в рентгеновском дыму
лапку вилочкой подробной
вложит в лапку моему

тотем и табу

насквозь психологию нашу
австрийский философ проник
мы в древности съели папашу
и в небе явился двойник

с тех пор опроставши с друзьями
тошнотной сивухи флакон
виним в первородном изъяне
такого папашу как он

луной помыкая и солнцем
летая меж звезд быстрокрыл
он воздух испортил японцам
и кран в бангладеш не закрыл

беды затмевающей нашу
не сыщешь на свете нигде
напрасно мы съели папашу
поджарив на сковороде

а были бы добрые дети
сидели бы наоборот
на вкусной капустной диете
и водки не брали бы в рот

* * *

суетился в окрестности озера
невнимательно словно во сне
видел бродского там или лосева
миновало и где они все

в этом зареве зависть попутчица
озорней окуней за плотом
только молодость раз и получится
а за ней эпизоды потом

все усердие сердца в крови мое
память спит и не стоит труда
где ты озеро непоправимое
розоватая в безднах вода

тихой охрой стремительным суриком
до детройта нагрянул закат
в стороне где по суткам и сумеркам
бродит бродский и лосев сохат

другие

истребитель ботвы и корней
борщ обмотанный в кожу
он однажды женился на ней
ради доступа к ложу
для того и на свете возник
посопел и дождался
но не сына который у них
от него не рождался
иногда горевала одна
всю весну напролет у окна

а когда появился другой
из тумана лесного
извивалась покорной дугой
уступила без слова
не пойми от кого понесла
от отца или духа
и приплод как случилась весна
приняла повитуха
испытала водой и огнем
тайный знак обнаружив на нем

мы другие и каждый таков
что без пользы наука
а не дети степных едоков
этой брюквы и лука
обреченная похоть смешна
и с печатью бумага
наша жизнь на рассвете пришла
из лесного тумана
путеводный имея во тьму
тайный знак незаметный уму

и когда они станут ботвой
задубеют корнями
чтобы с нимбами над головой
бесконечными днями
предъявлять в обожанье немом

райским стражникам ксиву
только мы с нашим тайным клеймом
честной смерти под силу
только тех чья печать не видна
возвращает туману она

внутри

космос в сумерки покрыт
звездным колпаком
там внутри огонь горит
он горит о ком

посиди в его тепле
слезы оботри
обо мне и о тебе
он горит внутри

заслони его рукой
света ни следа
но и крошечный такой
пусть горит всегда

думай ласково о нем
чтобы не погас
даже если мы умрем
и не станет нас

чтобы звезды над тропой
черные согрел
чтобы он о нас с тобой
там внутри горел

дядя в гости

он не тот за кого мы его принимаем
говорит полулежа на пыльном подоконнике
морочит в чашке остывший чай
кепка болтается на худом колене

там еще остались подсобные миры
куда я с начала времен ни ногой
да и незачем все окажется как везде
мне ли не знать если сам и сотворил
новопреставленным праведникам еще лафа
они вскоре сходят с ума принимаются петь
так и дрейфуют в нимбах с выпученными глазами
растопыренные крылатые пауки
в будущее которое никогда не наступит

они меня постоянно путают с тем кого нет и не надо
этот ваш каторжник томас манн уильям гэддис
я ведь всегда совершенно один понимаешь
как дитя сочиняю себе воображаемых друзей
лучше когда они получаются злыми
или кладезями анекдотов про евреев
в этом слепящем свете мрак на вес золота
вечность доложу тебе утомительная затея

но всего сильнее говорит он
я завидую тем кого не успел придумать
не елозь говорит время чернильниц миновало
можешь попробовать мышью но выдерни usb
ладно отвечаю засиделись
приберись на кухне а я тут схожу поживу

ожидание

скрипит луна меж лапами платана
трава мертва ни шороха в листве
сова минервы в сумерки летала
мышей в саду повыела везде

трудился ум в ком мудрость не дремала
хулу превозмогая и молву
все аггадот вся мишна и гемара
усвоены до извести в мозгу

и овладев предвечной тайной речи
промедлишь на пороге поутру
в неряшливо наброшенном на плечи
лапсердаке и пейсы на ветру

там небеса в летательных машинах
в лесах соборы нефть в кишке течет
но где-нибудь уже рожден машиах
и начат окончательный отсчет

пусть гойские под витражами гимны
неистовы но разве звук пустой
завет и обязательства взаимны
шемот глава вторая стих шестой

стоишь себе в простом еврейском платье
под ветром поутру глаза огнем
а эти снова возвели распятье
и что-нибудь развесили на нем

надежда обождет мозги на вынос
из книги расползаются слова
трава шуршит платан стоит где вырос
луна прошла и сладко спит сова

dear darkness

myrtle our neighbor on the left side had
a headache with her ron the vietnam vet
fading from parkinson's connie whose house
bulged into our backyard was a nurse who spent
her summer days sun-bathing in the nude
stirring my blood up in my swallow's nest
and on the right was spencer the attorney
at law with dawn his nitwit of a wife
as i had one of mine with whom i was
in love then

in my waking hours i wondered
whether the town and all these people were
for real since once asleep i felt i was
the same old rascal with his bevy of
hard-drinking pals as i once was in russia
the only oddity was all of them
were speaking english in my dreams i felt
my new persona being a ruse or worse
a snake who'd swallowed my past life and sported
my memories as if they were his by right

like some d'artagnan when twenty years after
i visited the place there was no ron
to speak of myrtle joined him in his vale
of inexistence spencer the attorney
at law moved on after his wife had been
pinned to a wall by a delivery truck
connie the source of the sad news looked like
a wasted hag with her brown elephant skin
we are the only ones still hale she said
good grief i thought who are the fucking we

when i am done for and the primal darkness
fills up my eye-holes clogs my nostrils jams
the mandibles i will still have the last
question to ask of it who was this person
that lived my life which of the two was i

speak so that one may mourn the other have
mercy on us oh please dear darkness speak

милый мрак

мертл в доме слева сильно не везло
с супругом роном жертвой то вьетнама
то паркинсона конни чей коттедж
влезал в наш двор служила медсестрой
и летом загорала нагишом
кровь будоража на моем балконе
а справа спенсер адвокат с дипломом
жил с дурочкой женой и у меня
была тогда жена и я ее
любил

я наяву не мог понять
взаправду ли все эти люди живы
в их городке зато во сне я был
все тот же олух с выводком друзей
под игом водки как тогда в россии
с той странностью что все они во сне
болтали по-английски мне личина
моя казалась розыгрышем хуже
змеей сожравшей прежнего меня
и выдавшей всю память за свою

я д'артаньяном двадцать лет спустя
подался в те места о роне память
простыла мертл сошла за ним в юдоль
небытия а спенсер адвокат
с дипломом отбыл прочь когда жену
здесь в стену вмазало грузовиком
поведавшая мне об этом конни
была карга в слоновьих складках кожи
лишь мы и выжили она сказала
момент кто эти ебаные мы

когда я кончусь и предвечный мрак
зальет глазницы ноздри и сомкнет
мне жвала я задам ему последний
вопрос кто на земле из нас двоих
жил эту жизнь кто я из них позволь

оплакать первому второго просим
к нам снизойти о милый мрак скажи

* * *

ничего не будет кроме
неба в облаках
жителя в дверном проеме
с кошкой на руках
думали не помогало
в мыле голова
так всего осталось мало
дюжина едва

отекли от мыслей лица
оспа и отит
житель с кошкой удалится
небо улетит
провели весь путь в простуде
были как во сне
эти кошки эти люди
и другие все

конспект мемуаров

я пропадал береговым микробом
вплотную к руслу вечности почти
дрожа от страха на миллиметровом
обрыве и реснички в кулачки

река времен порочный круг работы
и купола трагический атлас
мы ростом с гулькин хер прокариоты
что нужно богу жадному от нас

не нас на свет произвела утроба
под теменем не реяли умы
я был в одну микробицу до гроба
да ноль для секса органов увы

не нам с тобой весной цвела мимоза
чей импорт с юга пресекли давно
без хромосом всей слякоти мейоза
влюбленному изведать не дано

где маменька зачем висит немая
луна в отчаянье реснички ввысь
как страшно жить себя не понимая
но и не жить попробуй изловчись

когда б сиял в большом и стройном теле
скопив существованье по грошу
амебой скажем но на самом деле
здесь нет меня и кто же я пишу

* * *

прошумела в окне шелковица
вахта аиста в колесе
больше поезд не остановится
до конечной не выйдем все

в этот край от огня рассветного
не доносят фотоны весть
можно π зубрить до последнего
десятичного время есть

о любимом тоскуя способе
как о буре в порту моряк
ребра в тамбуре к женской особи
тазобедренно задом бряк

не меняет скорость в окне места
ожидания меркнет пыл
на мгновенье припомнишь аиста
но не знаешь какой он был

колесо стирается у трубы
дым мерещившийся года
ели камень бы пили воду бы
был бы камень или вода

прекратили мелькать события
с небом заподлицо в степи
на конечную жди прибытия
десятичную цифру π

смерть дидоны

бросит серп землероб и каменотес кайло
в почерневшей лазури из ангелов никого
спят сопя светила лишь с берега шлет гора блик
но в сожженном зрачке ее отраженье ложь
странник нижнего неба куда ты всегда плывешь
золотой кораблик

если предок в пещере не изобрел огня
не барахтаться в браке до остального дня
полоснешь серпом и легко пребываешь холост
золотой на волне долговое письмо врагу
землероб ли да с каменотесом на берегу
собирают хворост

догори дорогая рубиново меркни спи
корабли на воде словно скифы в пустой степи
или блохи в руне олимпийским гонимы гневом
сокрушителям башен не стоила троя труда
всхлипнет море и вспомнит кем оно было тогда
затонувшим небом

на истлевшем сердце парусный светел след
искривляет время коралловый твой скелет
но на звездном заднике смазан в туман от ветра
только грунт елисейских раздолий реально тверд
только знает любовь кого заманила в порт
и кого отвергла

из ариосто

ринальдо в зачарованном лесу
над ним струятся демоны армиды
и небеса простерли на весу
зодиакальных ужасов орбиты
он слишком спит но тишина внутри
пульсирует она живей наружной
которая хоть тело в ней умри
ненастоящей стала и ненужной
глазные крестовины два окна
но сталь и мякоть видимость одна

суди кто видимости здесь родней
из преданных посмертно и повторно
волшебной власти в полости огней
святого эльма за порталом шторма
стальное тело спит в его груди
чувствительного сердца новостройка
кончайся жизнь и жалости не жди
раз сотканная сном длинней настолько
последней совестью не покриви
ринальдо спит он гражданин любви

здесь устье человеческой реки
притоки рук и мужества немало
что ей с того что это не жуки
в густой листве а демоны обмана
кто рыцарь был и насмерть злу гроза
к волшебнице взаимностью пылает
пока обсел все ноздри и глаза
опарышей решительный парламент
лес бледных рук и на табло ответ
нам нет любви и ненависти нет

вальс со слезой

в лесу непролазном где плесы луна целовала
где вотчина божья однажды а нынче ничья
уткнувшись веснушками в мятый подол сарафана
аленушка плачет и горе ее в три ручья

сопрано вконец сорвала и овраг затопила
по поводу братца все жребии бедному злы
напился поди из копыта быть может тапира
в заморский один зоопарк на заре увезли

над темной водой птеродактили кычут летая
ползут трилобиты кембрийских не слушаясь уз
по пеленгу плача плывут корабли из китая
на палубах панды грызут стратегический груз

по горло в дубравах кикиморы пробуют воду
столетняя плесень в горючей славянской косе
но нет ни малейшего шанса из клетки на волю
найти человечье копытце и снова как все

уходят медведи что в дебрях бока отлежали
на кручи валдая из ягодных отчих долин
рвануть бы по отмелям с жабами их и ужами
к той ржавой задвижке где плачет аленушка блин

подступит слеза к горизонту и купол качнется
стремительным тазом навстречу соленой волне
а дети бегут от грозы что никак не начнется
я честно исправлюсь сестричка не плачь обо мне

* * *

на римских высотах когда-то весталки вестали
орлов доставали авгуры потом перестали

в глухих погребах завывали сторонники митры
там крови быков проливались несметные литры

еврейскому на три персоны разъятому богу
язвительно перебегал аравийский дорогу

но в принципе все это были нормальные люди
четыре конечности головы бедра и груди

дрались алебардами мордами в снег умирали
таких наряжали в атлас и в гробы убирали

устав наблюдать как история ходит по кругу
на время добрели и в мирное время друг другу

дарили охапки цветов и кульки карамели
любили наверное просто сказать не умели

ты плачешь послушай тогда эту повесть сначала
она бесконечна и чтобы в пути не скучала

рука

вот подходит к вагону один из дядь
перед ним страна велика
а в руке у дяди ручная кладь
для того ему и рука

габардиновый клифт деловитый взгляд
мы и сами к свистку спешим
я уеду с родными куда велят
подрасту и стану большим

полубокс в велюре и плеч ширина
но не вспомню себе на беду
очень маленького стоящего на
том перроне в дальнем году

это белгород что ли днестровский глядь
невдомек спеша по часам
что одним и тем же из этих дядь
остаюсь навсегда я сам

обогну малыша и в купе скорей
второпях судьбы не пойму
и рука неразлучной клади своей
не отдаст опять никому

рапорт

на приморской где кафельные дома
уверяли что игорь сошел с ума
что мозги мол высохли на корню
и внезапно игорь понес хуйню
о пришельцах которые среди нас
для гипноза газом туманят глаз
сами ящеры по природе
и его родня увезла в село
я и видел его только раз всего
он тогда был нормальный вроде

увезли и ладушки снят вопрос
но хуйня которую игорь нес
все сочилась исподволь из села
вот ведь блядь некстати судьба свела
не моя ли в этом милорд вина
хоть и крепок газ но иным видна
вдоль хребта пила и трезубец
на хвосте шизофреники наравне
со шпионами как бы не обо мне
на приморской бубнил безумец

я вину милорд искуплю свою
я до блеска вычищу чешую
и в броне нефритовой до бровей
выйду в сумерки с бритвой на их бродвей
у кого реле развело в груди
на любого паяльник найдем поди
только газу погуще дайте
если надо пешком до села дойду
им не снилось даже в каком аду
навсегда поселил их данте

не над ними ли мы поглумились всласть
всю советскую им отмеряли власть
хоть ослаб каркас но фундамент тверд
этот игорь в графе у меня милорд
чтоб мне в топке урановым пнем гореть

мы хуйни от него не услышим впредь
некролог ему мелкой версткой
с остальными справимся к январю
я ведь знаю милорд о чем говорю
я давно живу на приморской

невозможность и неизбежность

увы неизвестен мне зверь колонок
размах его крыльев количество ног

я глобус не раз обогнул но пока
на свете нигде не встречал колонка

любой колонок в этой жизни земной
сумел до сих пор разминуться со мной

и есть основанья считать что они
в оставшиеся не покажутся дни

хоть их неизбежность пойми головой
утрата реальна и шанс нулевой

когда у последней столпимся реки
рыдая хоть шли не за этим
на нас посмотреть прибегут колонки
но мы их уже не заметим

центральный парк

неоновая в сумерки листва
отцветено и отплодоносило
но человеческие существа
хотят всегда где выглядит красиво
и в дождь расхаживая и в жару
я сам одно из них и вот живу

на свете праздник или выходной
светила как мичуринские вишни
беда ли что дорожки до одной
петляют вслед себе откуда вышли
жить стало некуда по сторонам
стена и сталь впадающие в ревность
бог недоучка пусть простит и нам
всю насекомость снов и однодневность
которой ночь преграда впереди
нет лето никогда не проходи

моли огонь чтоб в бархате не гас
сноп андромед ван гога на картине
развязан здесь и это мы сейчас
целуемся и петь не прекратили
с ист-ривер бриз уносит мысли ввысь
замри июль или еще продлись

* * *

без обещаний и условий
за мнимой тенью по пятам
спустился в сад слепой и совий
но никого не встретил там

была случайная невстреча
никем назначена в саду
пора вернуться не переча
домой на улицу свою

ступням беспочвенны скитанья
загадка разуму вредна
ведь если не было свиданья
разлука тоже не беда

сквозь небо наискось осина
займется пламенем к утру
но дробь в груди невыносима
куда один теперь уйду

луна спохватится и снова
все человечество легло
не исчезай в саду без слова
не покидай меня никто

* * *

звезды горошком и в нашей долине
житель старается на мандолине
искренним дискантом в полночь поет
кошка подтянет завоет койот

мы нашей жизнью в долине довольны
правда что жить в ней слегка подневольны
бог нас не спрашивал сам не рожал
сел к монитору и кнопку нажал

если бы не было этой долины
я бы руки не просил у Полины
чья согласится на свадьбу рука
в месте которого нету пока

и без того я пеняя на бога
преувеличил с полиной немного
так как ответить взаимностью мне
все же согласна она не вполне

житель со струнным устройством кого ты
дразнишь аж в течку впадают койоты
весь этот в крапинку купол не наш
нету полины и радость мираж

плохо нам все-таки в тесной долине
как же мы бедные жили доныне
шершень в штанах в камыше упыри
все эта музыка черт побери

* * *

празеодим и платину скупая
шагала и миро
возьмешь ли в толк о чем скулит слепая
пророчица в метро

лязг турникета зычный рык возницы
столетие на слом
черно в очках но адские глазницы
пылают под стеклом

мы взаперти сюда стучать нечестно
кто выследит нас тут
пусть плесневеют бонды казначейства
и спреды их растут

что гарлемской безумице приснится
чьи очи ночь хранит
пока с людской начинкой колесница
не врезалась в гранит

жизнь избранным нежна и небо немо
под землю им нельзя
срывая смоквы с натюрмортов хема
и устрицы грызя

но ненадолго счастливы и живы
с фламандского холста
поставками входите пассажиры
здесь есть еще места

двойной отпечаток

с грустным скрипом окажется птица
полетит и вдали прекратится

истечение лет остановка
пульса в синем виске обстановка

в мертвом трюме брегета тревога
на челе у античного бога

сквозь черты безголового бюста
чуть от птиц исчезающих пусто

там где червь отгрызал постепенно
сухожилия от постамента

постоишь примеряя зубило
к месту неба которое было

но как в масло войдет и сетчатка
от двойного черна отпечатка

стекловидное тело без век там
или блин проявитель с дефектом

попытка контрапункта

почти сказать но тенорок во рту
дрожит на рубеже исчезновенья
просторы в клетках не жильцы почти
во всем сознаться брякнуться к стопам
пока воображенье брезжит стопы
в узорчатых нестираных носках
так обонянью вдумчивость сестра

кто человек и мир мобилизован
в праматери и отчимы ему
из классовых мичуринских личинок
или хотите я вам сполосну
носки как раз горячую пустили
вот здесь похоже петелька сползла
как этот голос о гортань скрежещет

вы скажете душа возможно да
но лучше как вода и даже ртуть
душа скорее газ но в жидкой фазе
стабильнее вот у меня как раз
грибок не тот что запаху исток
а инструмент для мелкого ремонта
или я даже новые куплю
или не скажете душа и славно

бывало вдруг срываешься с гвоздя
стремглав как тайный веймарский советник
за юной со всех корточек пиздой
пока носок во рту благоприятен
с подвязкой вымпельной я лучше вот что
проверещу чтоб подвести черту
кому и вобла снулая праматерь

сонный паралич

мы с ним сидим на снящемся лугу
без памяти и способа проснуться
там время выгибается в дугу
но невелик соблазн его коснуться
галлюцинация в цвету трава
в купальницах и смолках склон пологий
к ручью и складываются слова
в условия запретных топологий
уму не выкарабкаться туда
в наружный мир где ты моя беда

он говорит что тьма чревата днем
хоть время и континуум но в нем
повсюду тонкие узлы и сгибы
или оно вообще швейцарский сыр
и мы сейчас окружены как рыбы
в болотной мочежине как могли бы
микробы царствовать в одной из дыр
где им в отсутствие секунд не грустно
а то что нам казалось бегом лет
идет в обход отвергнутого русла
на траекторию возврата нет
смотрю себе на прялку паука
и доверять не пробую пока

он говорит но что с него за спрос
он здесь всегда сидел не существуя
на театральном заднике через
которым сам изобретал листву я
врастая в наважденье с головой
залетный злак на стебельке целинном
или сердечник но не луговой
а медицинский с нитроглицерином
последние вдыхая времена
где наугад судьба искривлена
а прежней можно перестать бояться
чьи к зодиаку с грохотом струятся
титановые сквозь бетон цветы

где ты моя беда
или не ты

* * *

по тропкам и всяким полянкам
однажды гуляя в лесу
меня переехало танком
и я таки мертвый лежу

живот расщепило как атом
бросает от ужаса в пот
зачем меня танком проклятым
в лесу переехало вот

дороги не будет обратно
исчез интеллект как фантом
а жил бы себе аккуратно
и умер бы позже потом

кто скажет что тайны загадку
пронзил до глубин как кинжал
тот танком раздавленный всмятку
однажды в лесу не лежал

* * *

когда-то томас гоббс бросая взгляд
на чертежи и выкладки евклида
дрожал как волк и семеро козлят
теперешняя послабей элита
в ней знание сидит неглубоко
она к природе неблагоговейна
и маятника например фуко
не отличает от бутылки клейна

о дайте мне ученых чертежей
и алгебры какой-нибудь отпетой
хоть голова нужна и посвежей
чуть подпаять и станем думать этой
нам в старости недалеко до звезд
но до финальной формулы не ближе
фуко и клейн с бутылкой не смогли же
хоть фаусту ответ казался прост

* * *

длинные мили
времени мало
остановиться
темные шпили
как энцефало-
грамма сновидца

зазор

жаре надлежало легчать
свежеть но жара не ждала указаний
от сбивчивых на ночь надежд и пророчеств
в мартеновском зареве хвост полоскала фазаний
над засранным насмерть подъездом и список в печать
обреченных мученью фамилий и отчеств

планета вся в пламени адских намеков и знаков
где каждое утро проспавшийся был одинаков
с тем навзничь упавшим намедни почти идентичен
но с разницей что узнавали
его в своих злых зеркалах горожане едва ли
пронзая пургу зуботычин
пока в партактивах умы подвергали вреду
и скупо в пазы шпаклевали еду

а свет оставался
тем самым в котором он тронувшись обосновался
слетались в магический круг
лазурные птицы сплывались янтарные рыбы
клубились подземные духи и ангелы тоже могли бы
и были и ели из рук

он им не открыл где в окрестности уха
куда отшумевшие мысли как перья в пенал
в жару леденило касанье подземного духа
и ангела алый укус на ладони пылал

последняя песня

говорит серебряный волк золотой лисе
контингент к немедленной акции не готов
собрались мол с утра в расщелине но не все
в арьергарде бросили платиновых котов
благосклонны к славному замыслу небеса
десятичные знаки справа от запятой
как один совпали но время в опор лиса
не пускай говорит серебряный золотой
нам в тебе нежданного ниспослал вождя
зодиак но не лучше ли к вечеру погодя

золотая лиса говорит в ответ мы умны
озарило время глаза и зверей зовет
мы срастались по кванту как свет для этой войны
ни единого нерва внутри для других забот
собирали нас по заклятиям ветхих книг
мегатонны в пыль ради каждого в торс винта
а коты не поспеют из тыла начнем без них
пусть узнает мир что за волчья мощь без кота
сладок золота звон и сталь в суставах тверда
всем в атаку на эти мертвые города

и тогда серебряный волк начинает выть
золотая лиса колдовать и со всей высоты
слюдяная из темных галактик тянется нить
и по ней устремляются платиновые коты
здесь безлюдно тысячи тысяч лет но они
изгоняют и память о временах когда
тени тех кто теплил на площадях огни
в страшных песнях славили древние дни вреда
благодать земле отдохнуть от таких теней
только волки всегда и коты и лисы на ней

* * *

наутро с бодуна в кровати
вертя зрачками из угла
а в голове сплошной скарлатти
и ни малейшего ума
реальность сложена из клавиш
k 296
и в смысле смерти не поправишь
ведь это же она и есть
и списка глупостей не жалко
над этим светом на весу
там в глубине была лужайка
она последняя в лесу
телега оси поменяла
то обстоятельство терпя
что в колее сюрпризов мало
она с тобой и без тебя
мир смолкнет и расстаться просто
но если вынести смогу
керкпатрик двести девяносто
шесть фа мажор звенит в мозгу
качает колокол колодкой
покуда из последних миль
всей биографии короткой
скарлатти выбивает пыль

некрополь

номера которых больше не набираю
но заметил что с некоторых пор
оставляю выбывших в телефонном списке

здесь вокруг все слишком живое
откуда их вырезала цензура
васильки ромашки несчастная любовь

все кого не успел разлюбить
собраны в маленьком электронном мавзолее
на расстоянии парализованной кнопки

в маунтин-вью мигают светодиоды
сервер мирно пасет единицы и нули
мое кладбище повсюду со мной

вечный покой без побудки 5616682
4259672 ты мне все еще снишься
9883394 не договорили и не поправить

образец индукции

они вдвоем накат либидо густ
средь шороха лесного
он просит с ним пожаловать под куст
она в ответ ни слова

он обнажит себя до неглиже
одним движеньем резким
пора бы и размножиться уже
но здесь выходит не с кем

хоть трижды будь умен и даровит
но раз не сыскан способ
весь угрожаемый исчезнет вид
чуть заартачься особь

не скажет нам ни дарвин ни кювье
ни сам добжанский дока
кого недосчитались мы в семье
ушедшего до срока

вот так однажды игуанодон
когда сбежала третья
предчувствовал приход глухих времен
беды и лихолетья

палеонтолог будущей страны
меж черепков и бронзы
найдет окаменевшие штаны
но снятые без пользы

экспликация

и правда ну как он ходил по воде
которой мы в мире не видим нигде
загадка глухих незапамятных дней
вода что мы помним сегодня о ней
она состояла сама из стекла
но если сосуд разбивали текла
с ненастьем с извилистым устьем
она была ртутью допустим

а как он спустился в пространство с креста
которое просто пустые места
какому зиянию выпала честь
пустое порожнему чем предпочесть
наверное плоскость свисавшая вниз
в надежде на горизонтальность абсцисс
и на ординат постоянство
я так себе мыслю пространство

но вот что уж точно уму невдомек
он в небо вознесся как серный дымок
я кажется понял какая вода
но что за нелепое небо тогда
считали что купол висел голубой
но здесь я сынок солидарен с тобой
хоть гвоздь волокно пробивает
но неба потом не бывает

так камень-дитя перед самым концом
беседовал с камнем-отцом

* * *

почему молчат не отвечают
кажется уже не замечают

торс пальпируешь ночами лежа
кости где положено и кожа

только тело не мое а вместо
спит и не выходит из подъезда

в мир где обрекаемое бденью
остается бестелесной тенью

на земле с дебелыми телами
занятыми глупыми делами

пробовал и натиском и лаской
исчезал в их вежливости вязкой

лучше отыщу прохладный холмик
где я бережно лежу покойник

место где они меня зарыли
землю где они меня забыли

* * *

снова облако лапой ландшафт умывает
словно кошка сметану украв
если чувствовал кто что меня не бывает
то наверное не был неправ

чей очкарика в небе сентябрьском невесел
взгляд сквозь пыльные фильтры гардин
лишь одна из брезгливо отвергнутых версий
из кривых вариантов один

но и в задницу миропорядок осенний
на башке набекрень решето
потому что надкушенный в супе сомнений
я и был этот чувствовал кто

подвизаясь в живых современников тоже
в нереальности тупо виня
а других вариантов которые тверже
получается нет у меня

только облачному совпаденью при встрече
повторить до кого не дошло
от фантомных цветковых избавиться легче
настоящего быть не должно

санитарная миссия

i

на ваше исх четырнадцать дробь три
вскрывали двух с оглядкой и опрятно
какой там кварц все та же слизь внутри
зашили и пыхтят себе обратно

наружный отчуждается покров
он форму придает разумной луже
как топливо используют коров
хотя неясно чем коровы хуже

все состоят из щупалец и глаз
как из асбеста если бы связали
сюрприз никто из них не видит нас
своими пресловутыми глазами

и ничего кроме себя одних
мы камни бессловесные для них

ii

на ваше исходящее дробь шесть
отвечу с опозданьем и приватно
бесспорно способ размноженья есть
но нам о нем услышать неприятно

а перед тем как приступить к труду
на углеродном волокне постелей
они друг другу в дар несут еду
и половые органы растений

а почему приватно я само
сочувствую их липкости неловкой
вдруг снизошло покуда я спало
над дустовой простой боеголовкой

побудут и исчезнут без вреда
оставьте их кому от них беда

iii

на ваше впрочем номер не найду
пока я здесь лежу одно на свете
мне все мерещится что я в аду
тягучее и мягкое как эти

пока пульсар на рейде не угас
мы властелины всей фотонной пыли
неужто милости не хватит в нас
эксперимент провален и забыли

как жутко ими быть вообрази
когда по горло в лаве и снегу ты
возникшими в помоях и в грязи
живущими от силы полсекунды

в краю где мы уран аргон и ртуть
и всем до фени мелкий млечный путь

iv

один похоже понял и погиб
передовой из штаммов всей заразы
проведал планы мыслящий полип
пришлось таки задействовать заряды

они воображали мир иной
где лопнувшие пузыри блаженны
но мы ведь сами были им виной
поставщики гнилых дрожжей в броженье

вина не гибель вспыхнет и прошла
но ужас участь липкая такая
затеянная в луже без гроша
всесилием кичась и помыкая

исчадьями из щупалец и глаз
я к ним пришел спасителем и спас

ложная повестка

где луна оставалась одна
ей венера была не видна
где сияла нам кассиопея
словно в анусе черта черно
череп тыкался в ночь свирепея
различить не сумел ничего

не упорствуй во мраке скользя
все равно заблудиться нельзя
чуткой ощупью вплавь на европу
долго хляби скелет уминал
а потом повернули к кедрону
где по графику весь трибунал

ни графина с сукном ни судьи
зря мослы раскидали свои
на слепое светило оскалься
эта участь не горше чем та
только анус вокруг и остался
бога нет и вообще ни черта

оба света мираж но зачем
так скончаться приспичило всем
там хоть птички съедобные пели
чтобы лето с любовью пришло
а скелетик сучил в колыбели
кулачком и агукал смешно

* * *

нет никогда уже не быть жуком
антеннами не проверять погоду
покуда в теле маленьком таком
с утра пульсирует любовь к полету

куницей не соваться из норы
в ветвях не виснуть нитью ариадны
которые хотя к своим добры
детенышам но к белкам беспощадны

или змеей извилистой не стать
чтобы узнать каким манером змеи
внезапный путь прокладывают вспять
одним изящным разворотом шеи

здесь возникаешь кем-нибудь одним
кто заточен в своей беде и порче
пока ликуют бабочки над ним
и бодрые шуруют черви в почве

спроси кирпич он знает что почем
кто жизни обречен таких не лечим
сугубо вниз рожденный кирпичом
летит а ползать некуда и нечем

возвращение

воротясь из дальних странствий подошел к дому
в ладони память перил в ноздрях сеновала
ветхий в обносках как она выйдет к такому
остыла ли обида раз жизнь миновала
еще в глазах дороги петлистая лента
приник украдкой к стеклу из внешнего мрака
видит сидит у стола беседует с кем-то
ни на год себя прежней не старше однако
тенью к другому окну оправляя саван
ведь это же он сам напротив это сам он

тогда кто же опешив прислонился к вязу
скиталец в конце пути накануне гроба
а у них там любовь как из под венца сразу
аж светятся от счастья молодые оба
она краше себя самой когда стояла
накануне разлуки свежа как невеста
и который напротив изменился мало
он у себя дома а пришельцу нет места
кто сумеет подлинник отличить от фальши
кому теперь умереть а кому жить дальше

что за блеск сквозь кроны что за вихри в аллее
прочь бы сейчас стремглав но странник к стеклу снова
не поймет эта ли язва саднит сильнее
или та что была когда бросил без слова
вырез до брюшка ворсистая мешковина
семь глаз огнем два передних ярче рубина
двойник через стол переливается ртутью
сперматофор наголо под головогрудью
соглядатая накрыла скорбь как цунами
ой любовь отрава что ж ты делаешь с нами

полусмерть

когда приходит полусмерть
в предбаннике шурша
наполовину погрустнеть
обречена душа

зачем у входа ты стоишь
повестку тыча мне
в прикиде сереньком как мышь
и ножик в рукаве

внутри наполовину нет
живущего давно
а полутьма и полусвет
сливаются в одно

душа конечно просто тень
витражное стекло
она взамен дается тем
чье тело истекло

а тело бродит у реки
и полутьмы полно
скаталась полушерсть в комки
в его полупальто

ему следить из-под плиты
за истеченьем дней
когда душа уже не ты
и незачем о ней

бумеранг

сложили горизонт из кирпича
стянули небо ржавыми болтами
в таком ущелье можно жить крича
как бумеранг вернется крик в гортани

вот жалоба снижается уже
и пассажирам суждена неволя
как будто высаженные в бурже
не дотянув полжизни до де голля

над ними баба голая в плаще
атлантики отстой и панибратства
пора уму и голосу вообще
в подземный мрак желудка перебраться

нагрянет вдруг что мы теперь не те
соловушки на лопнувшей пружине
запроданные в рабство немоте
а месту назначения чужие

мир взят в кольцо и налысо обрит
на стенах оттиски равнины гор ли
все заперты в котле а из орбит
торчком глаза от бумеранга в горле

долг очевидца

а кто им расскажет какой синевы
с холмов небеса нависали
фактически некому если и вы
о них не расскажете сами

зима очевидца слепила бела
кишащая волком и лосем
весна наступала и осень была
хорошая все-таки осень

я знаю что дальше пространство черно
увечит в зрачке чечевицу
на свете фактически нет ничего
о чем сообщить очевидцу

но тем и важней обитателям тьмы
когда возникают и если
все то чему были свидетели мы
пока мы еще не исчезли

и кто же им бедным расскажет другой
о том как земля вымирала
и млечная пыль выгибалась дугой
над темной каймой минерала

песня старателя

тому кто дышит внутри меня
кто донорской кровью в теле течет
из прожитых не миновать ни дня
любой непрожитый наперечет
у него свернуло в спираль мозги
подойди со спины и себе возьми
в голове у чудовища вещий шум
эту жизнь подарили двум

субъект который внутренний он
слагаемый без перемены мест
сидит выбивая словесный стон
из липких клавиш не спит не ест
и пока от усердия не погиб
к монитору намертво как полип
из раздвоенной жизни уму во вред
извлекает ее секрет

не знал как воля его тверда
ушел в бега на семнадцать лет
и где же двойник пропадал тогда
раз кровь простыла и тела нет
вернулся и точно один в один
скелет вписался слова и слух
рентген заверит что бред невредим
свое естество состоит из двух
подрядили из мрака ваять огонь
но разгадка не ближе ни на ладонь
а когда по венам и в мозг зима
миновала пора ума

* * *

всей тишины в обрез в ней движешься стремглав
грунт отрывается вот панорама сверху
крылатую свою пришпоришь оседлав
секундную в карьер на циферблате стрелку

нашарим в тумбочке утащим в койку том
монтеня или кто нам сетовал на старость
как обессилел свет или проблема в том
что пожил бы еще но больше не осталось

следить как фолиант струится с простыней
взметая ил со дна где мысли водолазы
спросить который час но быстрый страх сильней
чем свет что смеркнется до истеченья фразы

не впору циферблат для книг такой длины
а помнишь на заре душа была машиной
но воздух обречен в нем на просвет видны
все перфорации стеклянный след мышиный

не сам ли саженцем без страха и вреда
еще не как монтень а с дерзостью кортеса
в ненужном мужестве заглядывал туда
где навсегда обрыв где линия отреза

* * *

я выхожу на улицу они
струятся мимо каждый по своим
придуманным делам они всерьез
себя считают теми кем себе
мерещатся они воображают
друг друга теми же кому другим
пытаются казаться и довольны

себя-то я подкараулю вмиг
сообразил уставить зеркалами
квартиру и следить наверняка
бывают паузы когда притворство
реальности слабеет или сам
себе наймусь в шпионы и на ложном
движении изобличу подлог

я впрочем у себя и без того
под сильным подозреньем но других
попробуй разуверь когда вся ставка
легла на стол и если вся надежда
на то что видимое совпадает
с невидимым а откровенье с правдой
им гибельны такие зеркала

третий

далеко за сосновым бором
где ночуют барсук и выдра
на пруду и лягушки хором
без бинокля уже не видно
за верблюжьей пустыней тощей
и змеиной мангровой чащей
за пернатой пальмовой рощей
просыпается первый спящий
а точнее не нарисуем
он словами неописуем

исчезают на свете горы
пропадают предметы быта
где созвездий цвели узоры
ночь навеки от них отмыта
тает текст в манускрипте мудром
превращаются буквы в знаки
непосильные мозгу утром
на полях полегают злаки
под ногами плесень и силос
это все ему только снилось

глубоко под земным покровом
в быстрых сернах и ярких лисах
под ковром что служил коровам
пропитаньем а после высох
под кротовьим корявым гротом
в толщах кварца или корунда
что пропахли огненным потом
саламандр и сильфид как будто
шевелится второй на ложе
очевидно проснулся тоже

и тогда пропадает сразу
то что снизу казалось небом
предстает мирозданье глазу
в полном сраме своем нелепом
время пятится и сдается

сердце вязнет в кипящей лаве
слишком мало сна остается
слишком много ненужной яви
догорает на крыльях птица
отчего никому не спится

но пока в городских руинах
в обеззубевших зевах окон
в путах кабельных тросов длинных
невредим из бетона кокон
на стальных изнуренных фермах
там возможен в утробной позе
самый вещий из самых верных
в саркофаге в анабиозе
там мерещится третий спящий
наш единственный настоящий

* * *

жизнь состоит из стульев и столов
мы кошки в нашей небольшой ловушке
а ласки или милости улов
в ней скуден словно милостыня в кружке

в спасительной безвестности пропасть
уйти в цыгане мойвой в море плавать
и милости препоручая власть
внести в реестр пока мигает память

кто или умерли или умрут
чью участь опозорила природа
не требуя за добровольный труд
предметов мебельного обихода

стенать о пяденице и хвоще
о плесени чья пересохла слякоть
ты здесь любил кого-нибудь вообще
тогда ступай и принимайся плакать

о том кому и в полдень свет не бел
кто в толчее вещей ни зги не видит
или так мало милости имел
что милостыней возместить не выйдет

климатологическое

буревестник дыша перегаром
объяснит неразумным гагарам
что в погоде грядет перелом
хоть на коврике шишкиным вышит
он предвидит грозу и предслышит
в подтвержденье махая крылом

безразличны прогнозы погоды
домоседам бескрылой породы
в каждом телеке нынче своя
пироги в животах и окрошка
а из черепа как из окошка
в мятом чепчике смотрит змея

было время невидимый атом
всем гагарским своим каганатом
доводили они до ума
агрессивным ужам угрожая
побивали рекорд урожая
и марксизма зубрили тома

доедая кровавую пищу
ложкой ерзает коршун по днищу
каннибал этой родины всей
кто навел на отечество немочь
александр нам поведай сергеич
и максимыч открой алексей

спой нам снова о вещем олеге
чтоб он вовремя пал на колени
и змею обезвредил на бис
но вопрос не закрыт философский
и девятый увы айвазовский
над родным каганатом навис

* * *

предметы расставанья и вины
растаявшие вперемешку с теми
которые вполне еще видны
из постепенно обступившей тени

как оставляя детскую с тоской
в углу охапкой мишки и машинки
и в беличьих колесах городской
разгон и юношеские ошибки

все человеческое в бездну здесь
раз под уклон не одолеет гору
пора невозвращения хоть влезь
в былую кожу но тебе не впору

напрасно столько боли намело
барханы от гурона до валдая
и ангелы с клинками наголо
от пут любви сердца освобождая

уже на страже сириус погас
как золушка в подол смахнула брошку
что вам по совести сказать о нас
мы чаще россыпью и понарошку

нам зелень злей едва земная медь
обнажена железо в язвах яда
оно и так должно само стемнеть
дверь от себя и свет гасить не надо

песнь о премудрой крысе

поговорим о верхе и о низе
о сексе без ехидного смешка
об аполлоне блядь о дионисе
и благодарно о премудрой крысе
которая живет исподтишка

во дни кометы на распутье редком
когда хвощи обгладывал дымок
ей выпал жребий стать всеобщим предком
и секс ей в этом подвиге помог
всем домогательствам идя навстречу
плодила за часами не следя
потомство из которого отмечу
хоть бы того же в частности себя
ее почин способствовал удаче
кипучий разум гены в нас зажгли
лишь крокодилы вывелись иначе
и вши своим путем произошли
но хоть у вшей особая стезя
мы лучше их нас сравнивать нельзя

наш разум оплошал прошляпил шансы
нам участь диплодоков суждена
на биржах европейские финансы
трещат по швам и греции хана
безмозглый рынок из кармана семки
несет ко рту невидимой рукой
но крыса есть она живет в подземке
праматерь общей глупости людской
ей вновь черед плодить не покладая
для вековой традиции пустяк
пусть зеленеет поросль молодая
на наших каменеющих костях
последний свет в подъезде потуши
или еще одна надежда вши

покой

кто же ты говорит такой
тишина говорю покой

там где финишные флажки
я для каждого наступлю
потому что мне все нужны
потому что я всех люблю
приравняй кончину к врачу
исцелю без ножа и шва

я совсем туда не хочу
я не в эту сторону шла

но тогда ты была живой
а отсюда пути равны
в этом мире который твой
больше нет другой стороны
усомнишься так верь не мне
а покою и тишине

мне без бога твой мир немил
наважденье в уме одно

если бог у тебя и был
он забыл о тебе давно
душам доступа нет к нему
это я на себя приму
всю вину твою и грехи
ну давай говорит греби

* * *

вот кленовый вьется лист
ребрышками к свету
симпатичен да нечист
а другого нету

так и ты поди дитя
русая головка
удивляешься летя
с дерева неловко

неказистый сверху свет
не подмога бденью
здесь от света только след
он зовется тенью

веки нежные сожми
от его укола
уж такой они зажгли
не было другого

про кота

мы сбились вокруг полевого котла
его опрокинутой бездны
где черное небо сгорело дотла
и звезды ему неизвестны

нам было вдомек что отныне одни
что порознь дороги опасны
и если горели на трассе огни
то слабо и скоро погасли

и каждый задумавшись кто он такой
себе наважденьем казался
в попытке проверки трусливой рукой
обугленной ночи касался

один размечтался что видел кота
хвостатую выдумку божью
но будучи спрошенным где и когда
заплакал над собственной ложью

мы спели бы вместе но все голоса
снесло изнурительным кашлем
такая случилась у нас полоса
ни слова ни голоса в каждом

и кто-то напомнил в припадке стыда
соседям по угольной луже
что так оно с нами случалось всегда
и впредь повторится не хуже

сначала в потемках дурак о своем
коте заведет ахинею
а после мы общую песню споем
и снова не справимся с нею

* * *

собраться и уехать на кулички
и даже не уехать а остаться
на месте где соблюдены привычки
провинности сотрутся и простятся
жизнь обнажить под напряженье тока
где с удрученным черепом табличка
метнуться прочь любить тебя и только
и даже не тебя а безразлично
и даже не любить а плохо помнить
вписать и тотчас вычеркнуть навеки
с твоими безднами какие похоть
таит впотьмах в отдельном человеке

ракообразно время как мокрица
в сегментах с парой симметричных ножек
не уезжать остаться и молиться
о том что и надежды быть не может
сорваться в топот словно слон саванной
лежать мешком как грустный скот в соломе
инфинитив локомотив словарной
статьи или в страдательном залоге
любви которой ты являлась частью
где в кислородной протекла палатке
вся жизнь которая случилась к счастью
но вентиль вправо и сегмент в порядке

они

у речки на откосе
у мертвого огня
в горизонтальной позе
они найдут меня

не извлеку из сети
запутанной клешни
не буду знать что эти
уже за мной пришли

расслабив каждый атом
закончу срок земной
когда в поту и с матом
они прийдут за мной

найдут лишь праха груду
без страха и стыда
кого любил забуду
запомню что всегда

не зная сам и весь ли
я остываю тут
но лишь когда и если
они меня найдут

декабристы

стемнело вломился тарасов
как лишний фломастер в пенал
он спал на одном из матрасов
а я за столом выпивал

с такой практиканткой приятной
из питера в наши края
свидетелем встречи приватной
тарасов валялся храпя

однажды приезжий из тулы
он прибыл тогда из тавды
а мне полагались отгулы
за наши в надыме труды

беседа провисла и вялость
росла в натюрморте стола
вначале она уклонялась
потом наотрез не дала

и я примостясь очумело
к тарасову думал о том
что любы сопящее тело
укутать бы надо пальтом

мы полночь исправно проспали
когда нас гунявый генсек
за доблесть и выплавку стали
поздравил по радио всех

в редакции больше запасов
не сыщешь лишь снег за окном
храпел на матрасе тарасов
и люба на стуле складном

дремала тогда ее сразу
как в цирке к вольере слона

подвел я к другому матрасу
а то не доперла сама

и медленным чувствам в подмогу
мозги разминая рукой
гадал что за люба ей богу
и кто мне тарасов такой

в свинцовом хмелю неказисты
зачем свою приму куря
сошлись мы втроем декабристы
в прощальном числе декабря

чья полночь свищами висела
свой гной накопив на года
над снежной геенной генсека
где нас разместили тогда

exegi monumentum

когда-нибудь нам памятник пора
установить на сетуни допустим
как церетели древнего петра
семи морей над их ростральным устьем

из пахнущей сапожным дегтем тьмы
четырехкратным непреложным солнцем
должны потомству воссиять и мы
три мушкетера с пристяжным гасконцем

в порядке полубреда справа я
гандлевский в центре с ношей стеклотары
кенжеев на пути в полутатары
бог синтаксиса слава словаря

и надо всем священный реет прах
в застолье муз наш депутат из ранних
сопровский первый вечности избранник
у матери-отчизны на руках

палимпсест

однажды мир который был исчез
в сети координат в ее деленьях
от силы оставался как бы лес
но без животных неба и деревьев

не соловьи совсем или цветы
в том прежнем ради запаха и пенья
но он исчез и в нем исчезла ты
ты в нем жила для нужд исчезновенья

и я в воображаемом лесу
пока навеки не иссякла сила
стал богом и решил что всех спасу
по памяти все воссоздам как было

есть время правды и мое пришло
на результат гляжу едва не плача
как все печально вышло и смешно
лишь соловьи или цветы удача

в повторном мире пасмурнее днем
и тягостней чем ночью было в старом
а что до неба лучше мы о нем
и разговора затевать не станем

нет выхода иначе как терпя
существовать и смерть копить по крошкам
а то что в этом мире нет тебя
быть может знак что не было и в прошлом

в толпе задетый невзначай плечом
теперь от встречных отвожу глаза я
они поймут кого винить и в чем
когда весь мир померкнет исчезая

* * *

подросток которым я рос оказался не мной
в обличии чьем я ступил на волокна каната
его траектория с общей свернула когда-то
в ночную из смежных вселенных а я из дневной

мы оба другу другу наружный мороз по стеклу
в ту зиму прозрел и родным написал из сибири
про след ампутации в месте где раньше любили
и юности к взрослому остову не пристегну

сорвавшийся в бездну он рос получается зря
но слишком успешны в тропических сумерках прятки
не оба же мы уроженцы одной свиноматки
лесов и просторов где вольно так дышит ноздря

еще под вопросом который природе урод
дороже притворный призер или выбывший честно
в архив под канатом ночная судьба неизвестна
науке чью смерть одолжили чужой не умрет

СОДЕРЖАНИЕ

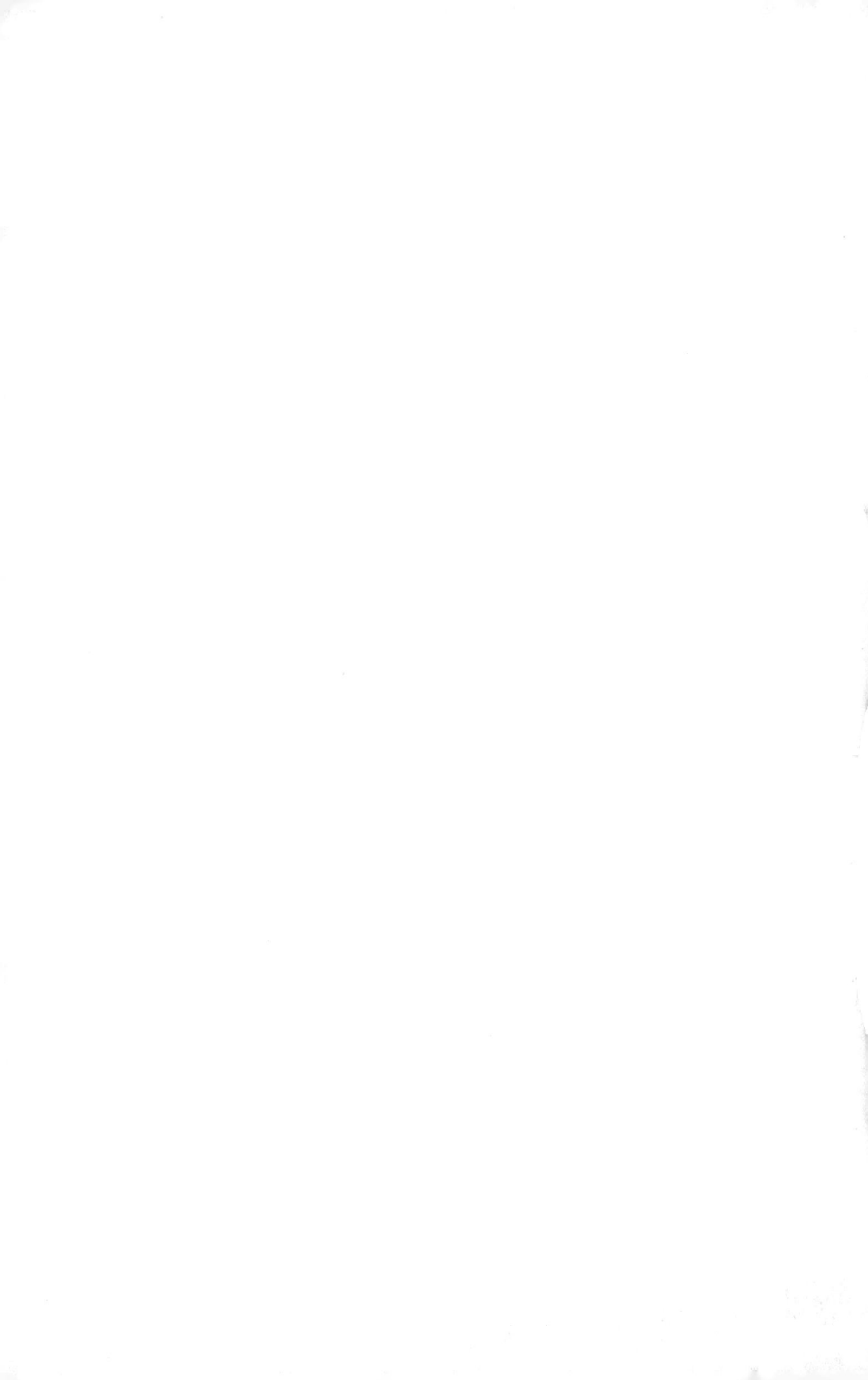

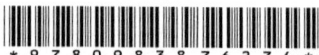